大学生の学びを育む
オンライン授業のデザイン

―リスク社会に挑戦する大学教育の実践―

JN035031

岩﨑千晶　編著

関西大学出版部

【本書は関西大学研究成果出版補助金規程による刊行】

はじめに

　2020年2月下旬、私は研究仲間と韓国での視察調査を予定していました。ところがコロナ感染が広がり、視察の受け入れが難しいという連絡が韓国側から届き、渡航を見送ることになりました。その際、感染を防ぐために大学に行くことができないという韓国の様子を聞き、日本もすぐにオンライン授業をすることになると確信しました。FD（Faculty Development）を担当する教育推進部教育開発支援センターの教員として、オンライン授業のFD活動をすぐに始めなければという思いが私に溢れてきました。

　そこで3月初旬にZoomの導入を提案しましたが、周囲からは理解を得がたく、当時の状況から判断すると致し方ないことでした。しかし、時期が来れば必ず利用することになると確信していた私は、Zoomの機能や操作方法を学ぶために個人契約をして、FD活動の準備をしました。その後大学でZoomの契約をする運びとなり、3月下旬にオンライン授業を実施することが決まると同時に、FD活動を始めました。教員がある程度安定して授業を実施できるようになるまでは自分の時間はすべてFDに費やそうと決め、あわただしく動き続けて、教員と学生の支援に従事していた数カ月でした。

　そして、FD活動が少し落ち着いてきた6月に、ふと「オンライン授業は大変だった」と「対面に戻ってよかった」と、ある一時をしのぐ方法としてオンライン授業を終えてしまってよいのかと思うようになりました。オンライン授業の実践では、双方向性を重視する授業も増えました。授業実践に工夫を凝らして素晴らしい授業をする先生もたくさんおられました。それをこのまま終えてしまってよいのかと考えるようになり、この時期の実践を記録

して、今後の教育改革に活かしていく必要があるという結論に至り、書籍にすることを決めました。しかし、私一人では何もできません。この教育実践を今後の教育に活かしたいと一緒に考えてくれる教員が必要でした。その際、FDセミナーや個別相談会に参加された教員の顔が浮かびました。「困っている人がいたら私のところにも連絡してもらってよいので、伝えてください」「私も手伝います、事例報告します」など、力強い言葉をたくさんいただきました。そんな風に声をかけてくださった教員が中心となって執筆したのが本書です。加えて、2014年に出版した『大学生の学びを育む学習環境のデザイン：新しいパラダイムが拓くアクティブ・ラーニングへの挑戦』（関西大学出版部）の共著者であった教員にも執筆を依頼しました。オンライン授業で多忙であったにも関わらずご快諾くださった共著者の先生方に心から感謝します。

　本書の目的は、リスク社会と共に生きる「大学生の学びを育むこれからのオンライン授業のデザイン」を明示することです。現代社会は感染症、大雨・洪水・地震、少子高齢化など様々なリスクに見舞われています。大学にはリスク社会に対応する力を育んだ人材を社会に輩出すること、また様々なリスクに見舞われた場合にも大学は質の高い授業実践を提供することが求められていると考えます。

　そこで本書では、第1部「オンライン授業の設計に関する概論（第1章から第4章）」において、リスク社会と共に生きるためのオンライン授業の設計について論じます。教育工学・教育方法を専門とする研究者が「学習者が培うべき力、そうした力を育むための教育方法、評価方法といった授業設計」に関して理論的な側面から論じます。

　第2部「大学におけるオンライン授業のデザイン（第5章から第22章）」では、19名の大学教員が様々な形式のオンライン授業実践を共有するとともに、その効果と課題について論じます。大学の授業は講義だけではなく、様々な形式で実施されています。そこで、多人数講義、初年次教育、理工系・心理学実験、外国語教育、オンライン留学、教育実習事前指導演習、映像制作実習、社会人教育といった幅広い授業実践事例を取り上げて紹介して

います。

　第3部「まとめ（第23章）」では、第2部の取り組みをもとに、リスク社会と共に生きる大学生の学びを育むオンライン授業のデザインを提示します。

　このように、本書は、第1部「オンライン授業の設計に関する概論（第1章から第4章）」第2部「大学におけるオンライン授業のデザイン（第5章から第22章）」第3部「まとめ（第23章）」をとおして、リスク社会と共に生きる力を育むために、大学におけるオンライン授業設計の理論と実践の往還を目指します。

　なお、本書では「コロナ下」で表現を統一をしています。一般的には「コロナ禍」の表現をよく見かけると思います。「禍」にはわざわいや災難という意味が含まれていますが、必ずしもマイナスの面ばかりではなく、そこから学ぶこともあると考えましたので、本著では、「下」を「〜のもと」の意味で表現します。ただし、文脈に応じて「禍」も用いています。

　貴重な実践を紹介してくださった先生方、オンライン授業の実践を支えてくださった教職員の皆様、とりわけ、最も大変であった2020年春に教育開発支援センターでともにFD活動を行った山本敏幸先生（現関西国際大学教授）、多田泰紘先生（現京都橘大学講師）、藤田里実先生、矢田尚也先生、山本圭一氏、岡本芳知氏、川瀬友太氏、土井健嗣氏、西村瑛皓氏、榊原和弘氏、石川勝彦氏、鵜飼貴子氏、吉﨑裕子氏、出版にあたってサポートしてくださった関西大学出版部の門脇卓也氏、村上真子氏に心より感謝いたします。2020年3月以降、オンライン授業の実施に向けて、教育開発支援センターの一員として努力をしてきたつもりではありますが、教員や学生にとって本当によい活動ができたのかと反省することは多くあります。今後も、自分の取り組みを省察しながら、努力をし続けていきたいと思います。

　自宅でオンライン授業やFD活動をするにあたって、デスクに置く写真立ての中から恩師である水越敏行先生（大阪大学名誉教授・関西大学の初代FD部門・授業評価部門委員長）がいつも見守ってくださっていました。「こんなとき、水越先生だったらどうされるかな？」と考え、自問自答しながら

活動をすすめてきました。これからもエールをおくっていただきたいと思います。

2021 年 3 月吉日

関西大学教育推進部　岩﨑千晶

目　次

はじめに
　　　教育推進部　岩崎千晶 　　　　　　　　　　　　　　　　　……　i

第1部　オンライン授業の設計に関する概論

第1章　リスク社会に対応できる大学教育を考える
　　　　久保田賢一 　　　　　　　　　　　　　　　　　　　　　……　3

第2章　オンライン授業における授業設計を考える
　　　　教育推進部　岩崎千晶 　　　　　　　　　　　　　　　　……　19

第3章　オンライン授業における評価方法を考える
　　　　総合情報学部　小柳和喜雄 　　　　　　　　　　　　　　……　41

第4章　学習・授業を支えるFD・学習支援環境を考える
　　　　教育推進部　岩崎千晶 　　　　　　　　　　　　　　　　……　57

第2部　大学におけるオンライン授業のデザイン

第5章　オンライン授業による教養教育の展開
　　　　文学部　中澤務 　　　　　　　　　　　　　　　　　　　……　73

第6章　異文化コミュニケーション
　　　　総合情報学部　久保田真弓 　　　　　　　　　　　　　　……　79

第7章　オンライン授業による政治学の初年次教育
　　　　法学部　石橋章市朗 　　　　　　　　　　　　　　　　　……　87

第8章　キャラクターの会話で学ぶ「ビジネス心理学」
　　　　社会学部　池内裕美 　　　　　　　　　　　　　　　　　……　95

第9章　初年次専門科目におけるオンライン講義「入門心理学」
　　　　社会学部　脇田貴文 　　　　　　　　　　　　　　　　　……　103

第10章　カリキュラム切り替えによる同一科目複数授業形態からの移行
　　　　　システム理工学部　倉田純一 　　　　　　　　　　　　……　111

第 11 章　人間健康論（ユーモア学・プログラム）
　　　　人間健康学部　森田亜矢子　　　　　　　　　　…… 119

第 12 章　オンライングループワーク
　　　　教育推進部　三浦真琴　　　　　　　　　　　　…… 125

第 13 章　グループプレゼンテーションを取り入れた初年次教育
　　　　教育推進部　岩﨑千晶　　　　　　　　　　　　…… 133

第 14 章　入門レベルの中国語教育
　　　　外国語学部　山崎直樹　　　　　　　　　　　　…… 141

第 15 章　英語教育
　　　　外国語学部　植木美千子　　　　　　　　　　　…… 151

第 16 章　日本語教育
　　　　国際部　古川智樹　　　　　　　　　　　　　　…… 161

第 17 章　オンライン国際教育プログラム
　　　　国際部　池田佳子　　　　　　　　　　　　　　…… 169

第 18 章　心理学実験
　　　　社会学部　関口理久子　　　　　　　　　　　　…… 179

第 19 章　教育実習
　　　　文学部　若槻健　　　　　　　　　　　　　　　…… 191

第 20 章　映像制作実習
　　　　総合情報学部　岡田朋之・長谷海平　　　　　　…… 199

第 21 章　システム理工学部における実験
　　　　システム理工学部　米津大吾　　　　　　　　　…… 211

第 22 章　大学院社会人学び直しプログラムにおける反転授業
　　　　会計研究科　柴健次　　　　　　　　　　　　　…… 219

第 3 部　まとめ

第 23 章　これからの大学におけるオンライン授業・学習支援環境のデザイン
　　　　教育推進部　岩﨑千晶　　　　　　　　　　　　…… 229

おわりに
　　教育推進部・社会学部　関口理久子　　　　　　　　…… 243

索引　　　　　　　　　　　　　　　　　　　　　　　　…… 245

第 1 部

オンライン授業の設計に関する概論

第1章　リスク社会に対応できる大学教育を考える

久保田賢一

1　新型コロナウイルスというリスク

　新型コロナウイルスの感染が世界的に広がり、いつ収束するかわからない中で、私たちは不安な毎日を過ごしています。近代化により、科学技術が急速に進歩し、富の生産が拡大し、豊かな社会を享受するようになった一方、過剰な生産が生活基盤を脅かす状況も同時に作り出してきました。たとえば地球温暖化、放射能汚染、有害化学物質の拡散など、豊かさを手に入れた見返りとして手に負えないようなリスクを背負い込むことになってしまいました。新型コロナウイルスによる感染症のパンデミックも同様です。飛行機の技術進歩、経済発展による国境を越えた観光客の増加によるグローバル化が進み、新型コロナウイルスの感染が瞬く間に世界中に広がりました。

　ベック（1986）は、このような現代社会を「リスク社会」と呼び、警鐘を鳴らしました。チェルノブイリ原発事故の年に出版されたその著書はベストセラーとなり、多くの人に読まれました。しかし、当時この原発事故は日本にいる私たちにとっては、どこか遠い国の出来事で終わっていました。ところが新型コロナウイルスの感染によるリスクは、世界中の人が恐れる出来事として私たちに襲いかかりました。経済は停滞し、感染者は急激に拡大し、病院に収容しきれないほどの数に達しようとしています。それは経済活動だけでなく、私たちの生活のすべてに大きな影響を与えました。

　もちろん、教育も例外ではありません。緊急事態宣言で学校は休校にな

り、子どもたちは数カ月にわたり、自宅で待機せざるを得ない状況におかれました。その後、徐々に学校は再開されましたが、3密を避けるために授業でのグループワークやクラブ活動は制限され、学習活動に支障がでたりしました。

　多くの大学も春学期は休校措置をとったり、オンライン授業に切り替えたりせざるを得なくなりました。そして秋学期に入っても、対面授業を全面的に実施することが出来ず、対面とオンラインを組み合わせた授業での対応を余儀なくされました。感染症拡大のリスクに対して、大学はどのように対応したらよいのでしょうか。多くの教員はこのような事態に戸惑いを覚えながらも、学習を止めないため、さまざまな努力をしています。本章では、感染症の拡大に伴い、このリスクをどのように捉え、対応していくことができるのか、授業、カリキュラム、キャンパスライフを含めた大学教育の方向性について検討を加えていきたいと思います。

2　オンラインで行う授業

　2020年春学期は多くの大学でオンライン授業が始まりましたが、ほとんどの教員はオンライン授業の経験がないため、どのようにオンラインで授業をすればよいのか想像するのが難しかったと思います。教員と学生が別の場所にいて授業を進める教育は、遠隔教育、通信教育と呼ばれます。通信制の大学教育は長い歴史があり、研究成果の蓄積も行われていますので（鄭、久保田 2006）、遠隔教育の研究成果を参考にオンライン授業を考察していきます。

表1-1　時間と空間による教育形態の分類（鄭、久保田 2006）

	同じ空間	違う空間
同じ時間	①既存の学校教育で行われる授業中心の教育	③ウェブ会議を利用した遠隔教育
違う時間	②自習室、実習室を活用し、個別に学習を行う教育	④印刷メディア、放送メディア、eラーニングを含む遠隔教育

　空間と時間を軸にどのような形態の教育が行われているのか、表1-1に示しました。「同じ時間・同じ空間」での教育は、①教室で行う従来の授業です。通学制の大学では、ほぼすべて授業がこの形態になります。通信制においてもスクーリングと呼ばれ、対面での授業も行われます。「違う時間・同じ空間」の教育は、②対面授業の空き時間に図書館やコモンズで自習をする形態です。あるいは、対面授業後、教員は直接関与しませんが、学生が自律的に実験や実習を行ったりする学習も含まれます。「同じ時間・違う空間」は、③ウェブ会議システムを使い、教員と学生の距離は離れていますが、同期型の授業形態です。教員と学生のコミュニケーションは、チャットやビデオ画面を通して行うことができます。「違う時間・違う空間」は、④プリント教材やテレビ放送、そしてインターネットを利用した非同期型の授業形態です。学生は自分の都合の良い時間に学習することができ、ビデオ動画は何度も見直しができるので、自身の進度に合わせて学べます。

　実際の遠隔教育は、この4つの形態を組み合わせたものになります。学習効果を高めるために対面と遠隔を組み合わせた教育はハイブリッド型と呼ばれます。近年、注目されている「反転授業」は、自宅で学生がビデオを視聴し知識を習得し、教室での対面授業ではグループワークやディスカッションなどをするアクティブラーニングを取り入れたハイブリッド型の学習といえます。

　通学制の大学では、主に①の形態で授業が行われ、通信制の大学では主に④の形態で授業が行われています。コロナ下においては、通学制の大学においても③や④の形態で授業をせざるを得ない状況になりましたが、遠隔教育にシフトしても、その前提は通学制であることをしっかりと認識する必要があるでしょう。コロナ下の遠隔教育では、学生はオンライン授業を対面授業の代替として受けざるを得ないという認識を持っています。キャンパスに通い対面授業を受けることが最もよい形態だと考えています。そして、授業を受けるだけでなく、キャンパスライフを楽しみたいという意識が強いと思います。一方、通信制の学生の多くは、年齢が高く、仕事を持っており、空き時間をうまく活用して自習をするという前提で入学します。ですから、教員

の指示がなくとも、自律的に学ぶことに対して強い意識を持っています。コロナ下での遠隔教育は、この違いをしっかりと認識して授業を設計することが大切です。

3　コロナ下におけるオンライン授業の形態

オンライン授業の形態は、通信制の大学と似ていますが、前述したように通信制との違いを認識し、通学制の大学が行う特別措置としてのオンライン授業と位置づけ、授業を設計することが大切です。ここでは、オンライン授業の形態を5つに分類して説明します。

（1）資料配付型（非同期）

教員がウェブ上に課題を出し、学生は課題を終えたらレポートをアップロードする形態です。読まなければならない教科書のページやプリント教材がウェブ上に示され、学生はその部分を学習し、指定された課題に取り組み、レポートをウェブにアップロードして提出をします。オンライン授業が始まった初期の頃は、ネット回線のトラブルでレポートを提出できなかったのではないかと、学生は不安になったりしましたが、次第に使い方を習熟するようになりました。

一方、オンライン授業を初めて行う教員にとって、ICT機器の複雑な操作に慣れないために、またネットワーク回線の問題もあり、オンライン授業が始まった当初は、資料配付型の授業が多くみられました。資料をしっかりと作り込み、わかりやすい教材を提示している教員もいますが、多くの学生にとっては資料を読んで課題をこなすというだけの感覚に陥りがちになってしまいます。

また、教員は他の授業でどの程度の量の課題が出されているか知らないため、課題の量を増やしがちになります。課題に対して教員から学生へのフィードバックもあまりしません。ほぼすべてのオンライン授業で課題提出が果たされますから、学生にとって負担は増しますが、フィードバックが少ないため学びの手応えがありません。教員はまず緊急事態への対応として、

取りかかりやすい形態のため、資料配付型から始めますが、学生にとって負担感のある物足りない授業になってしまいます。緊急対応の形態としてはしかたがありませんが、次のステップとしてしっかりとした授業デザインをし、教員からのフィードバックを十分に取り入れることが求められます。

(2) オンデマンド型（非同期）

オンライン授業においても、教員からの説明がほしいと考える学生は多いのではないでしょうか。オンデマンド型は、教員が動画を制作し、ウェブ上にアップするので、学生は自分の都合の良い時間に視聴することができます。動画はネット上にあるので、いつでも何度でも視聴できるし、2 倍速の早送りでも見ることができます。動画は、教員が黒板を使って説明するものやプレゼンソフトを使って説明するものなどがあります。

大学の授業は大体 90 分ですが、90 分の講義をそのまま録画しても、学生にとっては集中力が持続しにくいと思います。そのため、10 分程度の動画を数本作り、動画を視聴した後、簡単な復習問題を入れて考える時間を用意すると効果があります。

オンデマンド型は動画を中心とした授業ですから、多人数の学生にも対応でき、いつでも掲示板などで質問を受けることができるので、教員と生徒のコミュニケーションはとりやすいと思います。ユーチューバーのように学生を引きつける授業をする教員は、学生からの評価も高く、好意的に受けとめられているようです。

(3) リアルタイム型（同期）

リアルタイム型は、Zoom や Teams などのウェブ会議システムを使って行う授業です。同期型ですから、インタラクティブな授業ができますが、多人数の学生がいる場合はどうしても一方的な講義になりがちです。多人数の場合、学生は自分のビデオ映像や音声をオフにするので、教員は学生からの反応が見えなくなり不安になります。学生にとっては普段の授業では発言ができなくとも、チャットを使って質問するのは比較的にしやすいので、たくさんの質問が出たりします。

グループに分かれて話し合いをする機能を使って、小グループでの意見交

換ができ、グループ別に意見をまとめて発表するようなアクティブラーニングも取り入れられます。

(4) ハイブリッド型

　オンライン授業は緊急の代替として実施されているので、感染が治まれば対面授業に戻ることになります。その移行措置として対面とオンラインの授業を組み合わせたハイブリッド型が導入されました。コロナ下において対面授業が難しくなったときには、オンラインに切り替えることもできます。ハイブリッド型は、感染状況に合わせて、授業形態を柔軟に変えていくことができるので、対面とオンラインの長所を取り入れた、柔軟性の高い授業形態といえるでしょう。たとえば、15 回の授業のうち最初と最後の授業を対面、そのほかをオンラインで行ったり、反転授業や LMS と組み合わせたり、多様なスタイルの授業を行うことができるのが、ハイブリッド型のメリットといえるでしょう。ただし、教員には高い ICT 活用能力とアクティブラーニングの手法に習熟することが求められます。

(5) ハイフレックス型

　ハイブリッド型は、学生の特徴や学習内容に合わせて教員が対面とオンラインを組み合わせますが、ハイフレックス型は、学生が自身のおかれている状況に合わせて、対面とオンラインの授業を選ぶことができる形態です。たとえば、学生本人が疾患を抱えている場合や高齢の家族への感染を恐れて自宅にいる場合は、大学で対面授業が行われていても対面授業に参加できません。ハイフレックス型は、対面で受ける学生とオンラインで受ける学生の両方がリアルタイムで参加できる授業形態といえます。また対面授業をビデオ録画して、欠席した場合でもオンデマンドで動画を見ることができます。

　ハイフレックス型はこのように柔軟性はありますが、大型モニターやビデオカメラなどの機器が必要となり、オンライン授業用の特別教室を用意したり、機器を新しく設置したりしなければなりません。また、教員 1 人で機器の操作や学生への講義をするのは難しいため、授業補助スタッフのサポートがあるとよいでしょう。

　オンライン授業の5つの形態を紹介しましたが、実際にはこれらを別々に行うのではなく、状況に合わせて柔軟な運用が求められます。一つの形態に拘泥することなく、感染状況に合わせた組み合わせを考案する必要があるでしょう。一方、学生にとっては、オンラインと対面が混在すると、かえって負担が増すことも考えられます。オンラインと対面の両方の授業をする場合、学生がどのような動きをするのか予想し、学生の空間的な移動状況、学習できる空間の確保、時間的な配慮など、大学としてカリキュラム全体を俯瞰的にとらえ、学生への対応をしていくことが重要です（久保田 2016）。

4　オンライン授業の課題

　コロナ下のもとでより良い授業を実施するには、オンライン授業の学習環境を整えることです。4月にオンライン授業が始まった当初に比べれば、教員も学生もさまざまなトラブルを経験し、トラブルにどう対処するか予想もできるようになってきました。秋学期に入り、授業の準備も比較的スムーズになってきました。学生もオンライン授業のある「新しい日常」に慣れてきたのではないでしょうか。パンデミックが広がっている現状では、たとえワクチン接種が始まったとしても、オンライン授業を当分の間、継続していくことになると思います。それではどのように学習環境を整えていけばよいでしょうか。感染を拡大させないためにも、オンライン授業の課題を7つ取り上げ、整理していきたいと思います。

（1）インターネット環境の整備

　オンライン授業が始まった当初は、アクセスが集中してサーバーがダウンしたり、セキュリティが十分でなく不正アクセスがあったりと、様々な問題が起きましたが、次第にオンライン授業に慣れてくると、どのような状態になったときに問題が起こりやすいか予測がつくようになりました。大学として学習管理システム（LMS）やウェブ会議システムなどを導入し、教員向けに研修会を開き、学生がオンライン授業に参加しやすくする環境を整備することです。とくに初年次生はまだ ICT の活用に習熟していないため、ネッ

ト接続に関するトラブルに対処できる相談窓口を提供し、きめ細かな対応ができるとよいでしょう。教員や学生がストレスなくネットにアクセスできるキャンパス LAN や Wi-Fi 環境を充実していかなければなりません。

(2) オンラインと対面授業の混在

　キャンパスが閉鎖されオンライン授業のみの時期には、学生は自宅で受講しましたが、対面授業が始まるとキャンパスに通わなければなりません。しかし、すべての授業を対面ですることは難しいので、対面とオンラインの授業が混在することになります。たとえば、対面授業を受けた後、次の時間はオンラインで行われたりしますが、学生は直ぐには自宅に戻れないため、キャンパス内でオンライン授業を受けることになります。その場合は、パソコン教室や図書館、コモンズなどで、3 密を避けて受講しますが、学生がネットにアクセスでき、密集しない空間を見つけることが難しいこともあります。空き教室なども開放し、対面でもオンラインでも授業に参加できる環境を整備しなければなりません。ハイフレックス型授業では、対面でもオンラインでも学生の都合に合わせて受講することができますが、そのための設備を充実しないといけません。

(3) 学生とのコミュニケーション

　対面、リアルタイム、オンデマンドなどを状況に合わせて使い分けてくれる授業は、学生から高評価を受けています。オンライン授業でもブレイクアウトセッションでのグループワークや掲示板での意見交換など、アクティブラーニングを取り入れることはできます。しかし教員にとってこのような授業をすることは手間がかかるため、それほど多く行われません。

　遠隔教育の研究では、学生と教員が別々の場所にいても、学生が感じる心理的距離はコミュニケーションの程度によって変わり、心理的距離が近いと感じるほど、学習成果が高まるという結果が示されています（鄭、久保田 2006）。つまり、教員と学生との間のコミュニケーションが頻繁に行われるほど、学生の満足度は高くなります。学生の心理的距離を縮めるためには、同期型のウェブ会議やテキストチャットで発言したり、非同期型のディスカッションボードや掲示板など学生が好きな時間に意見を書き込んだりする

機能を用意するとよいでしょう。非同期型のコミュニケーションにおいても教員が 24 時間以内に返信をすると、学生は心理的距離が近いと感じます。課題は、教員が学生に対して心理的距離を縮める努力をどの程度行えるかということではないでしょうか（ムーア、カスリー 2004）。

　オンライン授業が多いと、自宅などで受講するために学生は孤立感を抱きやすくなります。ネット上においてできるだけ双方向のコミュニケーションの場を用意し、協同的な学びを促進することが大切です。教員と学生間の心理的距離だけでなく、学生間での心理的距離を縮める交流の場を提供することも検討する必要があるでしょう。

(4) 教材の用意

　従来の授業で使っていたプレゼンテーション教材は、オンラインになっても使い回すことはできますが、オンライン授業用に修正する必要も出てきます。リアルタイム型授業では従来のプレゼンテーション教材を使って授業ができますが、オンデマンド型ではプレゼンテーション教材に音声や映像を追加する必要があるため、もう一手間求められます。学生がいない中、カメラの前で授業をするのは、教員にとっては労力のかかるものになります。

　ビデオ動画は、学生の集中力を考慮すると 1 本 10 分程度が適当であるといわれていますが、教員としては教えたい内容がたくさんあるため、どうしても長くなる傾向にあります。なかには、90 分話し続ける動画もありますが、学生は早送りをして視聴するようです。短い動画を数本作り、間に考えさせる課題などを入れると学習効果を高めることができますが、それだけ労力もかかります。

　オンライン授業で、著作権のある資料を使う時には注意が必要です。2020年 4 月末より著作権法が改正され、大学が一括して補償金を支払うことで個別の許諾をしなくても利用できるようになりました。また、コロナ下という緊急事態にともない、2020 年度に限った特例として、補償金が無償になりましたが、次年度以降の著作権への対応を検討する必要があります[1]。

(5) 教員の負担増加

　これまで述べてきたように教員にとって、オンライン授業は大きな負担に

なります。教材の準備、授業の収録、ネットを介した学生からの質問への対応など、教員はこれまで行ってこなかったことを新たにしなければいけません。オンライン授業は、学生が大学に通わなくとも自宅で受講できる利点はありますが、慣れない教員にとってはどうしても講義が一方向的になってしまいます。しかし、学生にとっては対面授業で発言するよりも、掲示板やチャットなどを使って質問をする方が比較的簡単にできます。そのため学生からの質問の数も増えてきますし、学生は早めのレスポンスを期待します。しかし、学生からのすべての質問に教員が丁寧なコメントを返すことは、教員の負担をさらに増すことになります。

(6) 学生スタッフの配備

　オンライン授業は教員にとって、新しい取り組みとなりその負担は大きくなるために、TA や SA などの学生スタッフの支援が必要です。とくに、ウェブ会議システムや LMS を使ったことのない教員の授業はアプリの操作などを学生スタッフに担当してもらうと負担の軽減になります。また、オンデマンド型授業では授業のビデオ録画を学生スタッフに手伝ってもらうとスムーズに作業が進みます。学生スタッフにとってもアルバイトとして収入を得ることができます。コロナ下でアルバイトをするのが難しくなってきているので、教育支援のアルバイトは学生にとって学びにもなるため一石二鳥といえます。

　オンライン授業は、教員から学生への知識伝達になりがちですが、学生スタッフをおくことで、アクティブラーニングを取り入れた授業をすることが容易になります。学生スタッフに機器の操作、質問の受付対応、受講生への支援、教材作成、レポートの整理などの役割を担ってもらうことで、教員は教えることに集中でき質の高い授業を実践できます（久保田 2013）。そのためには、学生スタッフの研修や予算的な措置を十分にしないといけません。

(7) 大学教育を俯瞰的にとらえる視点

　1 人ひとりの教員は、自分の担当するオンライン授業の改善に向けて注力しますが、学部全体のカリキュラムの中の位置づけや他教科との関連についてあまり注意を払わないようです。

　感染状況の変化に合わせて授業を実施していくためには、対面とオンラインのバランス、課題の量、学生とのコミュニケーションなど、大学組織として全体像を把握し、状況に応じて柔軟に取り組みを変えていくことが求められます。

　また、大学教育にはカリキュラムに則った正課の授業の他に、クラブやサークルなどの活動をはじめ、キャンパス内でのインフォーマルな活動も重要な学習活動として含まれます。フォーマルなカリキュラムとインフォーマルな活動の両方から、大学教育の将来を見据えた教育活動の方向性を展望していけるとよいでしょう（久保田、岸 2012）。

5　ポストコロナ時代の大学教育への展望

　新型コロナウイルスによる感染拡大により、私たちの日常は大きく制約を受けることになりました。大学の授業はオンラインに変わり、これまでのようにキャンパス内で友人と談笑したり、交流したりすることができなくなり、自宅での学習を続けざるを得ない状況があるからです。しかし、この生活が永続するわけではありません。現在でも感染は拡大していますが、海外ではワクチン接種が始まりつつあります。日本でも近いうちにワクチン接種が始まります。パンデミックは近い将来必ず収まります。

　この試練を受けたことで私たちは多くのことを学ぶことができました。そして、それを、次の時代にどう生かしていくべきか検討していくことが大切です。それはリスク社会に生きる私たちの「新しい日常（new normal）」をどのように作り上げていくか、しっかりとした展望を持つことです（Noguchi 2020）。そう捉えるとリスクは新しい時代を作るきっかけになります。リスク社会に対応できる大学教育をどのようにデザインするか、現在の状況を振り返り、明確な展望を持ち、教育改革も大きく進むのではないかと期待しています。

(1) ハイブリッド・ハイフレックス型授業を充実させる

　2018 年に国の政策として society 5.0 という概念が提唱されましたが（図

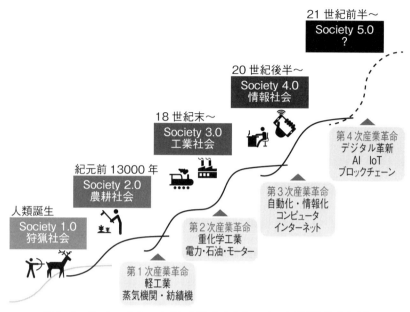

図 1-1　Society 5.0 —ともに創造する未来— （日本経済団体連合会）

1-1参照）、まだ実感として私たちのなかに落とし込まれていませんでした。しかし、コロナ下というリスクに直面し、テクノロジー（ICT）を活用することで現在直面している課題を乗り越えられるという実感を持ったのではないでしょうか。大学のオンライン授業は「学習を止めない」という観点から重要な取り組みであったと思います。オンライン授業になり、学生からの不満が取り上げられましたが、その多くはオンライン授業そのものに対する不満というよりも、ネット回線のトラブルやオンライン授業に不慣れな教員に対する不満が多かったと思います。実際、オンライン授業を受けた学生たちは、授業を肯定的に捉えています[2]。「オンラインの方が発言しやすい」「自分の好きなペースで学習でき、復習もしやすい」と多くの学生が感想を述べています。教員も実際にオンライン授業を実践してみて「知識を身につけなければならない部分はオンライン授業とし、重要な部分を対面授業にするといった教育のポイントを絞る方向性が見えた」と発言しています。これまでは、あえてオンラインで授業をしなくとも、従来のやり方で十分である

と考えていた教員も、実際にオンライン授業をせざるを得ない状況におかれ、体験してみるとその良さを感じることが出来たのではないでしょうか。

　これまでの遠隔教育の研究からもオンライン授業の学習効果は対面のそれと比べても有意差はないという結果が出ています。そうであるならば、状況に合わせて、教育効果を高めるために対面とオンラインのハイブリッドな授業を、感染が終息した後も継続していくことが授業改善につながります。

　初等中等教育においては GIGA スクール構想が実現する運びとなり、子どもたちは 1 人 1 台の端末を使って授業を受けることになります。デジタル教科書をタブレットで学ぶ学習が日常になるわけですから、彼らが大学に入学してくるときに備えて、ハイブリッド型授業を大学教育においても積極的に導入し、「新しい日常」としてのオンライン授業を継続していくことが求められます。

(2)　学生の資質・能力を育てるオンライン学習環境をデザインする

　ハイブリッド型授業について説明しましたが、授業だけが大学教育ではありません。学生の反応を見ていると、問題はオンライン授業というよりも、コロナ下でキャンパスに入構できなかったり、他の学生との直接接触する機会が減ったりしたことによる不満が多く出されました。大学教育の目的は、知識を習得することに加え、非認知的能力を身につけることです（久保田ほか 2020）。この能力は、キー・コンピテンシー、社会情動的スキル、21 世紀型スキル、資質・能力などさまざまな名称で呼ばれています（松尾 2015）。非認知的能力とは、コロナ下のような逆境のなかにおかれても、目標に向かって頑張り、粘り強く学びを継続していく力を指します。授業では、知識の習得に重点がおかれますが、大学教育を通して非認知的能力も身につける必要があります。非認知的能力は、教えてもらうことで身につくというよりも、自らがさまざまな活動に参加し、体験を通して学んでいくことで身につけるものです。ですから、授業のようなフォーマルな学びだけでなく、クラブやサークルでの活動、自主的なグループワークなどインフォーマルな学びが重要になります（久保田 2013；2014）。コロナ下で直接学生同士がかかわり合う場面が少なくなりましたが、学生自身がオンラインにおいて

も積極的にインフォーマルな活動に参加する機会を提供することが鍵になります。

　OECD の提唱するキー・コンピテンシーを取り上げ、資質・能力の育成について検討したいと思います（ドミニクほか、2006; OECD 2018）。キー・コンピテンシーは、①相互作用的に道具を用いる力、②異質な集団で交流する力、③自律的に活動する力で構成されています。これらの力を育成するには、キャンパス内で活動することも重要ですが、キャンパス外に出て様々な体験をすることです。もちろん、オンラインでも多様な体験は可能です。これらの三つの力は、目標として達成することを目指しますが、手段としてこれらの力を活用する場面をどのように作りあげていくかという観点から捉えることもできます。コロナ下でオンライン活動が増加してきましたが、オンライン活動は対面ではできない特徴があります。オンラインの活動のなかに 3 つの力が発揮できる場面を作り、学生が実際に体験をすることでキー・コンピテンシーが身についていきます。

①相互作用的に道具を用いる力

　ウェブ会議やさまざまなアプリを使い、即興的なゲームをしたり、プレゼンテーションをしたりすることで、インタラクティブに道具を使いこなすことを学びます。言語もツールとして捉え、外国人とコミュニケーションをする機会を増やすことができるのはオンラインだからこそです。

②異質な集団で交流する力

　オンラインのイベントでは、距離は問題ではなくなります。日本全国からイベントに参加できるので、参加者が多様化します。これまでキャンパスに来ることができなかった専門家も容易に招待することができます。海外の人たちも、時差を考慮すれば、イベント参加は難しくありません。国際イベントを開催することが容易になり、異質な人たちと交流を通して、違った考え方を理解し、協働する力が身につきます。

③自律的に活動する力

　イベントは教員が主催することもありますが、学生自身がオンラインでのイベントやワークショップを自主的に開催することも増えてきました。たと

えば、上級生が新 1 年生に対してアイスブレイクを取り入れたオリエンテーションを行ったり、学生が準備をして行うオンライン国際イベントで海外の学生と合同発表したりしています。対面で行うイベントに比べ、オンライン・イベントをするのは、最初、学生たちは戸惑いますが、回数を重ねるに従い慣れてきます。計画を立て、準備をし、実行する。そして活動を振り返り、次の計画を立てるサイクルを繰り返すことで、自律的な活動のレベルが上がってきます。オンライン・イベントを連続して開催していくことは、インフォーマルな学びとして、ポストコロナ時代においても継続していくことが「新しい日常」として受け入れられるのではないでしょうか。

　教育を改革するのは簡単ではありません。なぜなら教員はこれまで自分が行ってきた授業に対して自信があるので、改革する必要を感じていないからです。しかし、コロナ下というリスクが大学を襲い、すべての教員が授業方法をオンラインに変えざるを得ない状況におかれました。このことをチャンスと捉え、これまでの授業を振り返り、オンラインを含めた授業の方法を改善していくことは、私たち教員に求められていることです。効果のある授業実践はどうあるべきか、本書の各章を参考に授業改革をめざしてほしいと思います。

注

1)　一般社団法人授業目的公衆送信補償金等管理協会（2020 年 4 月 6 日）2020 年度の特例として「授業目的公衆送信補償金制度」施行のための補償金の「無償」による認可申請を決定 https://sartras.or.jp/archives/20200406/
2)　文部科学省（2020）．大学等における後期等の授業実施状況に関する調査．https://www.mext.go.jp/content/20201223-mxt_kouhou01-000004520_01.pdf

参考文献

鄭仁星，久保田賢一（2006）『遠隔教育と e ラーニング』，北大路書房
経済協力開発機構（OECD）（2018）『社会情動的スキル：まなびに向かう力』明石書店

久保田賢一（2013）『高等教育におけるつながり・協働する学習環境デザイン：大学生の能動的な学びを支援するソーシャルメディアの活用』．晃洋書房

久保田賢一（2014）「高等教育を取り巻く環境の変化を考える，大学と社会をつなげるプロジェクト学習のデザイン」．岩﨑千晶（編著）『大学生の学びを育む学習環境のデザイン：新しいパラダイムが拓くアクティブ・ラーニングへの挑戦』．関西大学出版部

久保田賢一（2016）「ICT を活用した学習環境デザイン：21 世紀に求められる能力の育成」．村田翼夫，上田学，岩槻知也（編著）『日本の教育をどうデザインするか』．東信堂

久保田賢一，岸磨貴子（2012）『大学教育をデザインする：構成主義にもとづいた教育実践』．晃洋書房

久保田賢一，山本良太，岩﨑千晶，岸磨貴子（2020）『大学のゼミから広がるキャリア：構成主義に基づく「自分探し」の学習環境デザイン』．北大路書房

松尾知明（2015）『21 世紀型スキルとは何か：コンピテンシーに基づく教育改革の国際比較』明石書店

ムーア，M. G. ＆カスリー，G（2004）『遠隔教育： 生涯学習社会への挑戦』．海文堂

Noguchi, J.（2020）The Search for New Normals in Education from 2020. Keynote Speech in the International Conference for Media in Education.

ライチェン，D・S＆サルガニク，L・H・（2006）『キー・コンピテンシー：国際標準の学力をめざして』．明石書店

第2章 オンライン授業における授業設計を考える

教育推進部　岩﨑千晶

　第2章では、授業目標を達成するために、オンライン授業においてどういった教育方法や評価方法を採用して授業を設計すればよいのかについて取り上げます。実際に授業を実施する際の具体的な映像制作や映像視聴における注意点など、オンライン授業を実施する際に配慮する点にも触れます。評価方法の詳細に関しては第3章で紹介します。

1　オンライン授業の背景

　2020年は予測不可能なことが起きました。COVID-19（コロナ）が流行り、感染症を防ぐために大学は急遽オンライン授業を実施することになりました。2018年の中央教育審議会の答申では、2040年を見据えて、予測不可能な社会に向けて、知を構築し、新たなものを創出する力を育むことの重要性が語られています（文部科学白書 2018）。こうした予測不可能な時代を生きる人材像として、答申では「普遍的な知識・理解と汎用的技能を文理横断的に身につけていくこと」また「時代の変化に合わせて積極的に社会を支え、論理的思考力をもって社会を改善していく資質を有する人材」を求めています。2020年春学期以降は、教員も学生も事務職員も、時代の変化に合わせ、まさに社会を支えて、改善していく努力が求められた1年でした。

　日本の多くの大学は、授業を補助的に支えるLMSの整備をしていましたが、オンラインですべての授業を行うICT環境の整備は十分とはいえない

状況でした。関西大学が当時保有していた講義配信システムの同時アクセス
は 100 アカウントしかありませんでしたし、LMS を利用している教員は 6
割程度でした。また、教員の ICT 活用能力や、学生が自宅でオンライン授
業を受講できる環境も十分であるとはいえませんでした。そうした状況の中
で、大学の教職員は授業をする環境を整備し、急ごしらえのオンライン授業
を実施してきました。そして、学生は慣れないオンライン授業で学んできま
した。しかし、この経験は決して悪いことばかりではなく、オンライン授業
ならではの良さも認識される機会となりました。本章では、今一度オンライ
ン授業の設計や実施にあたって配慮すべき点について振り返り、今後の教育
に活かしていきたいと考えます。

2　関西大学におけるオンライン授業の実施

　関西大学は 2020 年春学期において 4 月 1、2 週目を完全休講とし、3 週目
からオンライン授業を開始しました。オンライン授業は「①リアルタイム型
オンライン授業（Zoom などを活用した同期型授業）」「②オンデマンド型オ
ンライン授業（講義映像や LMS を活用した非同期型授業）」「③資料配付型
オンライン授業（資料や LMS を活用した非同期型授業）」の 3 タイプが提
示されました。どの授業スタイルを選択するのかに関しては、カリキュラム
群を代表する担当教員や各科目の担当教員が決定しました。秋学期は、原則
対面授業となりましたが、受講生が 250 名以上の授業は「オンデマンド型オ
ンライン授業」となりました（一部学部によって変更あり）。ただし、基礎
疾患などで配慮が必要な学生や教員は受講者数に関わらず、オンライン授業
を受講、実施できました。そのため、秋学期は対面授業を受ける学生やオン
デマンド型・リアルタイム型授業を受ける学生が混在するハイブリッド型や
ハイフレックス型で行われる授業もありました。本書の第 2 部では、主に春
学期に実施したオンライン授業実践を取り上げていきますが、一部ハイブ
リッド型の授業にも触れます。

3　大学の現状や大学生の置かれている状況を考える

　2020 年春学期以降、筆者がオンライン授業に関する講演を依頼された際に、「オンライン授業固有の授業設計について話してほしい」という内容が多数ありました。しかし、オンライン授業であれ、対面授業であれ、授業設計の基本は変わりません。そこで、本章ではあらためて授業設計について取り上げます。

　今の大学に求められていることや大学生に応じた授業設計をするため、まずは大学や大学生の置かれている現状について触れましょう。大学に入学する 18 歳人口は年々減少しています。文部科学省の調査によると、1992 年は 18 歳人口が約 205 万人でしたが、2019 年は約 117.5 万人となっています。その一方で、大学の進学率は 1992 年が 26.4 ％であるのに対し、2019 年は 53.7 ％になっています（文部科学省 2019）。同じ大学でも、以前と比べると入学する学生には学力や動機付けに多様性がみられる傾向があります。

　社会から求められている力はどうでしょうか。変化変動の激しい社会、少子高齢化、災害といった様々なリスクが起きるリスク社会においては定型的な問題への対応策を習得するよりも、複雑な社会状況から問題を発見し、それを他者と共に解決することや、自らの活動を反省し改善していく力が求められています。こうした社会に対応できる人材を輩出するため、大学には学習者に新しい能力として、主体的に考え、生涯学び続け、未来を切り開いていく力を育成していくことが求められています。

　社会から求められる能力は高くなっているものの、学生層の学習動機や学力は多様であるため、大学は学習者が主体的に学ぶ教育方法としてアクティブラーニングを導入したり、「何を身につけ、何ができるようになったか」を重視し、IR（Institutional Research）やカリキュラムマップを導入したりして教育の質の保証に取り組んでいます。カリキュラムマップを参考に、学生が身につけたい力に沿った科目を履修し、また IR の結果を受けて自分に足りない力を補うための科目を選定したりできるように配慮しています。このように大学はアクティブラーニングを導入して自ら学ぶことや、質の保証

を重視しています。アクティブラーニングを推進している大学は、協同学習、反転授業、LMS の活用、クリッカーなど対面授業を補足するために様々な ICT を以前から活用しています。繰り返しになりますが、これらはあくまでも授業の補助的なツールとして利用することが主流で、授業をすべてオンラインで実施することは多くの教員が経験していませんでした。しかし、オンラインでも対面でも授業設計の基本は変わりません。次節以降オンライン授業の設計について考えていきます。

4　オンライン授業の授業目標を考える

　授業は「授業目標・学習のゴール」「教育方法（内容）・学習活動」「評価方法・フィードバック」から構成されています（Online Learning Consortium et al. 2020）。図 2−1 は、それぞれの構成要素の調整を取りながら、バランスをとった授業設計をする必要があることを示しています。授業目標を達成するためには、それが達成できたかどうかを判断できる評価方法を選択し、授業目標を達成できる教育方法（内容）を選ぶ必要があります。これは教員が教える側に立った考え方ですが、同時に、学生の学ぶ立場を支援するために、学習のゴール、学習活動、フィードバックについても検討する必要があります。

　こうした考え方はインストラクショナルデザインに基づいています。インストラクショナルデザインとは、「教育活動の効果・効率・魅力を高めるための手法を集大成したモデルや研究分野、またはそれらを応用して学習支援環境を実現するプロセスのこと（鈴木 2005、p.195）」を指します。

　授業設計をする際は、「授業目標、教育方法、評価方法」を確認しましょう。対面授業をオンライン授業にする場合、基本的には授業目標は変わることなく、教育方法、評価方法を変更することになります。

　まずは、授業目標を設定するところから考えてみましょう。授業目標を設定するにあたって、読者の皆様にひとつ質問をします。皆様は「授業を受けた後の望ましい学習者」に対して、どのような姿をイメージされますか？

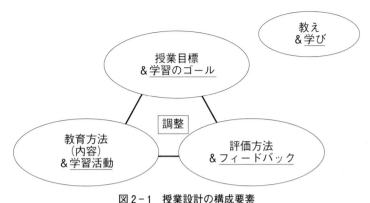

図 2-1　授業設計の構成要素
（Online Learning Consortium et al. 2020）

　授業が終わった後、「わかった！なるほど！」と思う学生、「わからないこと
も増えて…もやもやする」学生、「そんな事実があったとは…と落ち込む」
学生、「もっと調べてみよう」と思う学生、本当に様々な学生の姿がありま
す。私は FD 講演をする際にこの質問をするのですが、参加者である教員の
反応にはばらつきがあります。「わかった！なるほど！」という学生の姿を
イメージする教員もいれば、「そんな事実があったとは…と落ち込み、そこ
から自分で学ぼうとする」学生をイメージする教員もいます。しかし、わ
かったところが増えたことによって、新たな疑問も増え「わからなくなった
…もやもやする」という学生になってほしいと願う教員の授業を、「わかっ
た！なるほど！」という授業が良いと思っている学生が受けると齟齬が出そ
うです。授業ではどのような力を育もうとしているのかを学習者に明示し、
共有しましょう。

　授業目標（到達目標）を設定する際にはいくつか配慮すべきことがありま
す。まず目標を設定するにあたって、具体的に学習者に育成してもらいた
い、できるようになってもらいたいことを、行動として判断できる「目標行
動」を提示するようにしましょう（重田 2017）。例えば「理解する」「気づ
く」といった表現の場合、学習者の内面の変容になりますので、それが達成
されたのかどうかを判断しにくいといえます。一方、「説明できる」「選択で

きる」では、学習者や教員が具体的にできるようになったのかどうかを判断しやすいといえます。例えば、「教育方法技術論（教職科目）」の場合、「学習者中心の教育に関する理念やその教育方法について説明できる」「授業を設計する際に、学習目標に応じた教育方法を選択できる」などが挙げられます。ほかにも「比較できる、記述できる、例示できる、分類できる」といった表現があります（スティーブンス、レビ 2014）。

　石井（2015）は能力が階層性であり、「知識の獲得・定着（知っている・できる）」、「知識の意味理解と洗練（わかる）」「知識の有意味な使用と創造（使える）」の３層に分かれると提示しています（図2-2参照）。例えば、情報モラル教育論の場合、「情報モラルにどのような種類があるのかを説明できる」は「知っている」、「複数の資料を基に、現代社会における情報の効果と課題について説明できる」「情報モラルを育むために適した教育方法について、根拠を明示して論述できる」は「わかる」に、「情報モラルの教材を活用した学習指導案を作成し、模擬授業を実施できる」では「使える」となります。

　そして「情報モラルにどのような種類があるのかを説明できる」を達成するために、どのような教育方法が適しているのかを検討します。例えば、学習者が情報モラルの種類を説明できるようになるためには、教員からの講義が必要となるためオンデマンドの講義映像を選択します。また、「情報モラ

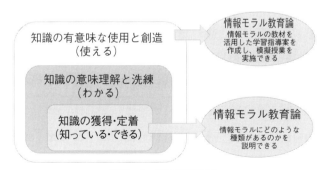

図2-2　能力の階層性
石井（2015）文部科学省（2015）p.19 より一部抜粋して著者により再構成

ルの教材を活用した学習指導案を作成し、模擬授業を実施できる」力を育むためには、教員から一方向的に講義をするスタイルでは不十分な点があるため、学生が自分で授業案を考え、それを補足する機会を設けたり、模擬授業に対する学生同士の意見交換や教員からのフィードバックコメントを提示したりするためにリアルタイム型や対面で授業を行います。このように、各目標を達成できる教育方法を選択していきます（図 2-3 参照）。

　第 3 章でも扱いますが、評価では、これらの目標が達成できたのかどうかをそれぞれ判断できる評価の方法を選択することになります。例えば、「情報モラルにどのような種類があるのかを説明できる」力の達成を確認するために LMS の小テスト機能を活用し、「情報モラルの教材を活用した学習指導案を作成し、模擬授業を実施できる」ようになるために、ルーブリックを活用した評価を行う、あるいは模擬授業を振り返るレポートを作成してもらい、その評価をすることなどが考えられます。

　また、大学は教育の質を保証するために 3 ポリシーを設定しています。1 つ目がディプロマ・ポリシーです。これは、大学がどのような能力を持った学習者に学位を授与するのかといった方針になります。例えば、行動力や発信力などを設定して、4 年間を通して培うべき力を提示します。そして、

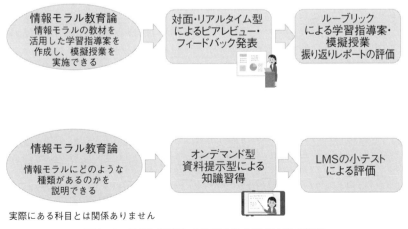

実際にある科目とは関係ありません

図 2-3　目標に対応した教育方法と評価方法の選択

ディプロマ・ポリシーで提示した力を育むため、プロジェクト学習や、企業や地域社会と連携した授業を取り入れるなど、「どのような教育課程の編成を行えば良いのか」に関する方針として、カリキュラム・ポリシーを設定しています。さらに大学の特色や理念を踏まえて、「どういった学生を求めているのか」という、入学者の受け入れ方針としてアドミッション・ポリシーもあります。このような 3 つのポリシーを明確に設定し、それぞれを連携させることでアドミッション・ポリシー、カリキュラム・ポリシー、ディプロマ・ポリシーにずれがないかを確認していくことが重要になります（文部科学省 2015）。各授業における授業目標もこれらの 3 ポリシーやカリキュラムマネジメントの観点からカリキュラム群の関連科目との関わりを考慮する必要があります。

　加えて、授業目標は学習者が理解しやすい表現にする必要があります。例えば、1 年生対象の「アカデミックライティング」という科目において、「基本的な文章作成ができる」といった授業目標を立てたとします。教員は 1 年生に求められる文章力ということで「基本」という言葉を使いますが、学生がどのレベルまでが「基本」で、どこからが「応用」になるのかを判断することは容易ではありません。この場合、「2000 字程度の論理的な（主張、理由、根拠、再主張を提示した）レポートを執筆できる」など、学生にわかりやすい表現を使いましょう。ほかにも、「キャリア演習」において、「他者と協同して学ぶワークを通じて、グループで活躍できる能力を身につける」という目標が設定されていたとします。この場合も、グループで活躍できる能力は多様であり、リーダーシップもあれば、フォロワーシップもあります。「グループの意見を整理し、まとめるように働きかけることができる」「自分の意見をわかりやすく他者に伝えることができる」「他者の発言を傾聴しつつ、他者が発言しやすいように働きかけることができる」など、グループで活躍できる人材に求められる能力を具体的に提示する必要があります。

　目標を設定するにあたっては、どのような学習者が目の前にいるのかという前提条件も確認しましょう（ディックほか 2004、村上 2017）。ディックほか（2004）は、「前提行動、教育内容に対する前提知識、教育内容・方法へ

の関心、学習の動機付け、教育レベルと能力、学習スタイルの好み、トレーニング組織に対する態度、グループの特徴」について理解しておく必要があると指摘しています。

　「前提行動」では学習者のあらかじめ持っている知識や経験・態度が通常のレベルであるのか、あるいは、高度なレベルなのかを確認し、学習者のレベルに合わせた目標を設定することになります。

　「教育内容に対する前提知識」では、学習者が既に何を知っているのかというところを判断します。授業で扱おうとしているテーマに関しては、部分的な理解であるのか、それとも全て把握しているのか、あるいは、誤解がないかなどを確認します。関連知識を把握するには、LMS のアンケート機能が活用できます。例えば、「英語科教育法」の場合、「言語習得理論と関連領域」や「国際理解教育」について、「他者に説明できる、なんとなくわかる、聞いたことがある、初めて聞いた」などを尋ねることで、学習者の知識を確認できます。このほかにも、授業冒頭に小テスト、ミニレポートを提示するなどして学習者のこれまでの経験や知識を診断的に評価することもできます。今後の授業内容として、何をどこまで取り上げていくのかを判断できる良い材料にもなりえます。

　「教育内容・方法への関心」では、学習者がこれから学ぼうとしている内容やその学び方に対する希望や意見を把握します。関西大学が 2020 年春学期に学生向けに実施した遠隔教育のアンケート調査の結果からは、全学的にオンデマンド授業を好む学生が最も多いという結果が出されました（関西大学教学 IR プロジェクト）。しかし、こうした傾向がすべての学生に当てはまるわけではありませんので、場合によっては受講生に確認することも必要になるでしょう。

　「学習の動機付け」では、インストラクショナルデザインのひとつである ARCS モデルを使うことで学習者の動機付けを確認できます。ジョン・M・ケラーが開発した ARCS モデルは「Attention 注意：おもしろそうだな、Relevance 関連性：やりがいがありそうだな、Confidence 自信：やればできそうだな、Satisfaction 満足感：やってよかったな」から構成され、学習意

欲の要因や流れを示しています（鈴木 1995、市川 2015）。これらの項目に配慮し、学習者の興味関心や満足度・ゴールをどこに設定すれば良いのかなどを検討しましょう。例えば、学生の注意を引くために、講義映像の冒頭に質問をしたり、授業内容に関連する写真やニュースを講義映像に入れて紹介したりする方法があります。また、学生との関連性を高めるために、日常生活に関する事柄と授業テーマを結び付けて、学ぶ意義を認識させることができます。自信を持たせるためには、すぐに解ける選択式の課題からじっくりと考える必要のある難易度が高い記述式の課題へと順を追って形式の異なるテストを LMS で実施することが挙げられます。また「やってよかった」という満足感を持たせるために、次の学習活動につながる教員からのフィードバック動画を提供したり、小テストや掲示板の投稿へのコメントを提供したりすることなどが考えられます。

「教育レベルと能力」では、どの程度の成績や学力があるのかをあらかじめ把握しておくことで、新しく学ぶ事柄に対する理解度がわかります。

「学習スタイルの好み」では、学習者はオンデマンド講義を望むのか、それともリアルタイムの討議を望むのか、学習者がどういったスタイルで学習をしたいと考えているのかなどを押さえましょう。

「トレーニング組織に対する態度」では、教員に対して肯定的であるのか、あるいは何か不安を抱えているのか、そうしたことを事前に把握しましょう。不安がありそうであれば、教員の自己紹介を動画に入れたり、学生同士で話し合えるアイスブレイクを導入したりすることで、心配を取り除くような工夫を授業設計の中に取り入れるとよいでしょう。安心して話せる環境があれば、学生は自分の意見を教員に伝えることができます。

最後に、「グループの特徴」では、どういった学生が集まっているのかを把握します。はじめて会うメンバーばかりであれば最初にクイズや互いのことがわかる自己紹介をするといったアイスブレイクを導入する方がよい、など授業設計のアイデアが出てきます。

こうした授業目標の立て方は、対面授業の場合もオンライン授業の場合も同様です。15 回の授業が終わった際の目標行動を設定することができれば、

逆算して、15 回目までに「○○ができるようになるためには、5 回目までに△△まで到達しておく必要がある」など、授業目標を達成するためにはどの時期に、どこまで達しておく必要があるのかを明らかにしたうえで、各回の到達すべき目標行動を確認しておきましょう。

5　オンライン授業の教育方法を考える

第 1 章でも取り上げましたが、オンライン授業の方法には、リアルタイム型授業（同期型授業）、オンデマンド型授業（非同期型授業）、ハイブリッド型授業（非同期・同期混在型授業）があります。リアルタイム型授業（同期型授業）はビデオ会議システムを活用して、授業を行う方法です。オンデマンド型授業（非同期型授業）は講義を録画し、LMS などを活用して配信する方法です。またいずれの授業方法も LMS を活用して、授業資料や課題の提示や提出を併せて実施されることがあります。

2020 年以前は講義を映像に収録して配信することを経験している教員は限られていましたが、コロナ下では多くの教員が試行錯誤して、こうした授業を展開してきました。オンライン授業の良さとして「正誤を確認するテストがしやすいこと」「いつでも何度でも講義映像を確認できること」「時間をかけてじっくり課題を考えられること」なども確認されました。

リアルタイム型、オンデマンド型など様々な方法があるオンライン授業ですが、どのような方法を選択することが望ましいのかについて迷ったときは、授業目標を達成するための教育方法を選び、授業を構成しましょう。例えば、初年次教育で、「2000 字程度の論証型（主張、理由、根拠、再主張）レポートの書き方を説明でき、レポートを執筆できる」ことを授業目標のひとつとしている場合、レポートの書き方に関してはオンデマンド型授業で知識を習得することができそうです。しかし「執筆したレポートを推敲して、改善できる」ことを目指すには、リアルタイム型授業を行い、同じ科目を履修している学生同士によるピアレビューや教員からのフィードバックを実施するほうが適しているといえるでしょう。あるいは、ライティングセンター

のオンライン学習支援を活用することも考えられます。このように、授業目標に応じて、リアルタイム型授業、オンデマンド型授業、ハイブリッド型授業を選択していきましょう。

　授業は大きく「導入・展開・まとめ」で構成されています。各項目で何をするのが望ましいのかについてはロバート・ガニェの9教授事象が参考になります（稲垣 2015）。

　リアルタイム型オンライン授業では、対面の授業と異なりどれほど学生がざわざわしているのかを把握できません。そこで、導入の「①学習者の注意を喚起する」では、学生に簡単な質問やクイズを出し、反応ボタンを押してもらい、授業に参加する雰囲気を作ったり、授業開始直後にマイクやカメラの調整が必要ないように、授業の10分ほど前からアクセスできるような場づくりをしたりしておくこともよいでしょう。「②学習目標を知らせる」では、今日の講義動画でどこまで達成しようとしているのかを明示しましょう。「③前提条件を確認する」では、それがこれまでに学んだこととどう関わっているのかを学習者が確認できるようにしましょう。

　展開の「④新しい事項を提示する」「⑤学習の指針を与える」では、授業で新しく取り上げるテーマについて提示し、これまでに学んだこととのつながりを意識させつつ、新しいテーマを学ぶ理由や意義について学生が理解できることを目指します。オンライン授業では、学習活動の実施手順がわかりにくい場合があります。教材とは別に、どのような手順で学んでいけばよいのかを示す学習ガイドのような資料を提示できると学習を進めやすそうです。「⑥練習の機会を設ける」では、新しく学んだテーマに関する練習問題や確認問題を LMS に用意し、自分でも学んだことを活用できるのかを確認する機会を取り入れます。「⑦フィードバックをする」では教員や学生同士で学習内容を確認できるようにします。リアルタイム型オンライン授業では、その場でフィードバックができますが、オンデマンド型オンライン授業では、瞬時に学生の反応を把握することが容易ではありません。そこで、よくある間違いや注意点をあらかじめ教員が資料や動画に整理しておき、学生が自分で確認できるようにしておくことも考えられます。

　まとめの「⑧学習の成果を評価する」「⑨学習の保持と転移を促す」では、LMS で小テストをしたり、レポート課題を提示したりして、学習の成果を学生と教員が確認できるようにします。授業外においても学んだことをまとめたり、LMS で復習できる場を用意したりし、授業での学びを学習者自身が振り返られるようにしましょう。ここで、理解度が足りないと判断した事柄については次の授業回で補足することが考えられます。

　次節以降は各オンライン授業を実施する際の配慮すべき点について触れていきます。

5. 1　オンライン授業の講義映像を制作する際に配慮する点

　講義映像を制作する際は、全 15 回の授業目標からより小さなステップに分けて、毎回の授業での目標を確認します。その目標を達成するために講義映像として取り上げる授業内容を選んでいきましょう。映像の長さは、学習者の集中力を考えて、15 分から 20 分程度の映像がよいでしょう。NHK の教育番組は 10 分から 15 分程度の番組が多く制作されています。教育系 YouTuber の番組も 10 分前後のものが多いと思います。現代の学生はテレビ番組よりも YouTube を見ることに慣れていますので、集中して映像を見ることができる長さにも配慮してみてください。一度に撮影をして講義映像を提示したい場合は、映像の途中で「ここで映像をとめて、学習課題をしてください」と伝え、講義映像を停止して学習活動に取り組めるような指示を入れる方法もあります。

　講義映像を撮影する際、スライド資料や家庭用の小さなホワイトボードを使われる場合もあるでしょう。理工系の授業ではホワイトボードに計算式を書いて授業を展開することも多いはずです。スライド資料の場合は、学生はスマートフォンで講義映像を視聴することもありますので、28 ポイント以上を使うことが望ましいでしょう。また、ホワイトボードを利用する際は、ペン先が太めのものを使ったり、ポイントになるところには色ペンを使ってみるなど学生の見やすさに配慮してください。

5.2　学生が講義映像を視聴する際に配慮する点

　講義映像の制作と同様に重要になることが、映像の視聴方法です。どこに着目して、何を考えながら、講義映像を視聴すればよいのかを理解することが難しい学生もいます。そこで、「何を考えて、どこに配慮して、映像を視聴すればよいのかを視聴前に提示すること」、「講義映像を見た後に、どういったことができていればよいのか」を提示するようにします。例えば、「情報モラル教育論」で情報セキュリティを扱った授業回の場合、「講義映像を視聴するにあたって、情報社会にはどんな危険性があるのか、指導のポイントはどこにありそうか、を考えながら視聴してください」「中学校の総合的な探究の時間で情報セキュリティを扱う場合、どのように活用できそうかあなたの意見を記載してください」などを伝えます。

　ほかにも、学生が動画を見る動機付けや関心が向上するように、その講義映像が学習者にとっていかに重要であるかを伝えることも重要です。例えば、「情報モラル教育論」の場合、「あなたが先生ならどうしますか？【事例①：保護者から「親の知らない間に、子どもが課金アプリを使っていて5万円の請求が来た」と相談があった】【事例②：隣の中学校と交流学習をしている際、自己紹介の交流サイトに、「○○君は、この間のテストで30点をとっていました」との書き込みがあった】」という事例を提供します。講義映像を見て、こうした事例に対してどう対応すべきかを学生に考えてもらいます。自分の理解度を確認し、学生にとって足りない部分を学習できる講義映像であることを認識したうえで映像を視聴することを促します。また、講義映像を視聴し、ノートをとるように伝え、学生がノートを写真に撮影し、LMSに提出する方法もあります。

　講義映像を視聴した後は、学生が何をどう考えたのか、何を学ぶことができたのかを確認できると、教員は次の講義映像で取り上げる内容の選択に活かすことができます。また、学生も講義映像を視聴して何を理解したのか、目標に対してどこまでたどり着けたのかについて自分で判断できるので、自律的な学びの促進にもなります。岩﨑（2017）が実施した反転授業（授業外に、講義映像を視聴し、対面授業では講義映像をベースに議論をしたり、演

習をしたりする学習方法）を行う教員を対象とした調査では、教員は授業外に講義映像を視聴することに加え、ノートテイク、小テスト等の学習活動を組み合わせることで学生の理解を促し、授業外の学習活動と対面授業を総合的に考慮した授業を設計している傾向にあることが指摘されています。

　オンデマンド型オンライン授業では、（事前に撮影した）講義映像の視聴後、LMS のレポート機能、小テスト機能、掲示板機能を活用した様々な組み合わせによる学習活動が可能です。その際、重要になるのが、どういった課題を提示したり、掲示板の議題を設定したりするのかということです。課題や議題を設定する際は、授業目標の達成ができたかどうかや、何を達成してほしいのかをふまえた内容にします。例えば、講義映像を視聴した後、学生が学んだことを確認したい場合は「授業内容を振り返って、学んだこと・考えたことを述べましょう」などがあります。知識だけではなく、学生の経験と関連させて問いたい場合は、「XXX 理論に関して、自らの経験と結びつけて論じなさい」などがあります。さらに、学生同士が授業課題に関連する問題・解説を作り、掲示板機能を使って互いに解答し合うこともできます。次の授業への動機付けをしたい場合は、次回までの課題として「次の授業までに教科書 XX 頁を読み、その感想を LMS の電子掲示板に〇〇〇字程度で投稿しましょう。また他の投稿 3 件に対する返信コメントをしてください」などが考えられます。

　また成瀬（2016）はレポート課題に工夫を凝らすことによってコピーアンドペーストが多いレポートを防ぎ、学生の創意工夫がされたレポートになるとしています。具体的に、レポートの表現形式を指定したレポート（例：正義とは何かについて対話篇で論ぜよ）（成瀬 2016 p.48）、素材の構成要素を抽出することを求めるレポート（子ども中心の教育とはどのような立場でしょうか。重要なポイントを 2 つ抜き出し、なぜそれらが重要であるのかについて説明しなさい）、具体例を提示しながら説明することを求めるレポート（例：〇〇だと考えられる具体的な事例について、教科書以外の例を挙げ、その理由について記述せよ）などの幾つかの類型に分類して示しています。このように、レポート課題に工夫をすることにより、学習者それぞれの

理解や関心を確認することもできます。

5.　3　資料提示型授業で配慮する点

　資料作成に関しては、授業の流れと同様に「導入・展開・まとめ」で学習できるように配慮するとよいでしょう。また資料提示型授業の場合も、資料を読んだ後に、その授業回の目標が達成できているかどうかを確認できる学習活動を実施することが重要になります。

　資料提示型の場合、資料を読解する能力が学習者にゆだねられる場合が多いため、学習者が授業目標を達成できたのかどうかを自ら判断することが難しい場合があります。学生が授業目標を達成できているのかどうかを確認できる練習問題を用意したり、教員から学習活動に関するフィードバックの機会を設けたりする必要があるでしょう。

5.　4　リアルタイム型オンライン授業のグループワークで配慮する点

　リアルタイム型オンライン授業では、グループに分けた会議室を設ける機能があります。しかし、グループに分かれて議論が進むと、教員が対面授業のように教室を見回して各グループの様子を把握することが難しくなります（グループの数だけ端末を用意して確認することはできますが）。そこで、あらかじめグループワークが円滑に進むような準備をしましょう。まずは各グループがワークの「ゴールを確認する」ことです。今日の授業回で達成しておくべき目標とグループワークの終わりの時間を提示しましょう。また各グループでの作業が円滑に進むように「役割分担」を決めましょう（表2−1参照）。グループワークの役割には司会、書記、発表係、発言・質問係、タイムキーパー等があります。ただ、司会といっても、どういった役割を担えばよいのか初年次生では戸惑うこともあります。学生が各役割において何をすべきかを理解して、行動できるようにすることが望ましいといえます。

　また、グループで安心して話せる場が構築されていなければ、学生は自分の顔をカメラに出すどころか本音をいうこともできません。本音の議論ができるように、アイスブレイクを取り入れて、グループの雰囲気がほぐれるよ

表 2-1　グループワークの役割分担

司会	メンバーの様子を見て、意見を尋ねる
	メンバーと話し合ったプロセスを確認して、話し合いを整理する
	ゴールにたどりつけたのかを確認する
書記	メンバーの発言をすべて書き取る気持ちで、記録する
	ホワイトボードにまとめた内容を皆に見せる（チャット・掲示板に記録）
タイムキーパー	いつまでに話し合いを終えることができればいいのかを確認し、メンバーに伝達する
発言・質問係	発言が少なくなった時や、メンバーの発言に対してもっと深く知りたい時に、自分の意見を伝えたり、メンバーに質問をしたりするようにして、良い話し合いができる雰囲気を作る

うにしましょう。最初は自己紹介やゲーム要素のあるアイスブレイクを使うと緊張感がほぐれます。筆者の授業で一番盛り上がったアイスブレイクはカエルの合唱を 24 名で 2 つのグループに分かれて歌うことでした。回線の遅延があることは予想していたのですが、あまりのバラバラ加減に学生は皆大笑いし、その場が一気にほぐれました。ほかにもグループワーク内での録音や録画は禁止することを教員から確認したりし、学生が安心してオンライン授業に参加できる場づくりをしましょう。

　グループワークが始まれば、教員は可能であれば各グループを 1 度は回ることが望ましいでしょう。一人できめ細かい支援が難しいと判断した場合は、ティーチングアシスタント（TA）やラーニングアシスタント（LA）に支援してもらうこともできます。各グループが掲示板を活用し、毎回の進捗報告をすることで、グループの達成度を把握する方法もあります。

5．5　ハイブリッド型授業で配慮する点

　同期型と非同期型を組み合わせた授業としてハイブリッド型授業があります。ハイブリッド型授業はブレンド型、ハイフレックス型、分散型に分類することができます（田口 2020）。アカデミックライティングの授業を例に考えてみましょう。

　ブレンド型の場合は、授業回ごとに対面授業とオンライン授業が実施されます。例えば、第 5 回の授業はオンデマンド映像で「レポートと感想文の違い」について学び、対面の授業では学生が執筆したレポートに対してピアレビューをしたり、教員からフィードバックを得たりします。

　ハイフレックス型の場合は、同じ時間帯に対面で授業を受ける学生と、自宅で授業を受ける学生が存在します。例えば、第 5 回の授業で、レポートのピアレビューを対面でする学生グループとオンラインで行う学生グループが存在するというイメージです。

　分散型の場合は、第 4 回の授業の際に奇数グループが対面でレポートのピアレビューを行い、偶数グループがオンデマンドの講義映像で学ぶ、第 5 回の授業は奇数グループがオンデマンドの講義映像で学び、偶数グループが対面のピアレビューを受けるといったイメージになります。受講生全員を教室に集めることが困難である場合、こうした方法をとる授業もあります。

　ハイフレックス型や分散型の場合は、教室にいる学生と自宅（あるいはその他の場所）にいる学生に配慮する必要があるため、教員が一人でシステムやカメラの操作をしたりするには限界があります。大学は TA や LA の導入を検討するなどの支援が必要になるでしょう。

6　プレゼンスを高める配慮

　筆者は教育方法技術論のゲストスピーカーとして現職高校教員の協力を経てオンライン授業をしました。この授業は 2 クラスが連続して開講されているのですが、1 クラス目だけリアルタイム型オンライン授業をして、2 クラス目は講師都合により 1 クラス目の講義映像を視聴してもらう形に切り替えました。同じ映像になりますが、リアルタイム型授業で受講した 1 クラス目の方が学生の集中度が高く、質問も多く寄せられました。やはり、いまそこに高校の先生が自分たちの前に来てくれているという点がたとえオンラインであっても違っていたのだと考えます。

　赤堀（2020）はこうした「そこに存在すること」をプレゼンスとしてお

り、存在すること自体がメッセージになるため、オンライン授業にはプレゼンスを持たせることが重要だと指摘しています。つまりオンデマンド型授業でも、いまそこに教員がいるかのような、教員とつながっているかのような工夫、リアルタイム型オンライン授業において学生同士で議論をしているような工夫が求められます。これには、教員の話し方やジェスチャーなどが学生の気持ちを呼び起こす要素になるという考え方（Teaching Presence）と、周りに学生がいること自体に効果があるという考え方（Social Presence）があります（赤堀 2020）。こうしたプレゼンスを高めるためには、教員は学生に話しかけたり、質問を投げかけたりすることや、学生から意見を募って、それを整理しフィードバックしたりすることなどを取り入れることも有効だといえるでしょう。教員の講義に対する意見を学生同士でグループを組ませて話し合う場を設けたり、教員への質問をグループで考えたりする方法もあります。

7　学生のケアへの配慮

　最後に、学生のケアに対する工夫を取り上げます。これはオンライン授業を実施するうえで非常に重要です。

　関西大学が春学期終了間際に実施した学生対象のオンライン授業に関する調査（有効回答数 12655 名）では、課題の多さが学生にとって負担になることが明示されました（関西大学教学 IR プロジェクト 2020）。オンライン授業における課題として「課題の量」を選択した学生（4 件法で強く感じる・やや感じると回答した学生）」は全体の 82.4 %（10423 名）でした（その後の調査では本項目は減少傾向となりました）。課題の種類はレポート、小テストが中心で、掲示板への書き込みの活動も挙げられました。課題の数に着目すると、約 75 %の学生が毎週 3 件以上のレポートを抱え、約 90 %の学生が小テストを 1 つ以上受けていました。課題の多さについては調整が必要になりますが、個々の授業担当教員がアレンジすることは困難だといえるでしょう。カリキュラム単位やプログラム単位で、担当者による議論が求めら

れるため、カリキュラムマネジメントの観点からどの科目において、何を、どう教えるのか、どう評価するのか、授業外の学習をどうするのかを議論することが必要になるといえます。これをよい機会として抜本的なカリキュラムマネジメントを行うのか、微修正で終わるのか、大学の方針が問われる重要な課題になると考えます。

　また、同調査において「授業に関する情報の把握」が困難であったと回答した学生は72.0％（9116名）でした。授業に関する情報として科目ごとにオンデマンド型・リアルタイム型と授業の形式が異なっていたことや、大学が提供している公式のシステム以外にも、教員が授業目標に合わせたフリーのソフトやアプリを活用している場合もあり、複数のシステムを利用したことによる混乱が学生の間で一部見受けられました。このほかにも、「集中力が続かない」「友達と一緒に学べず孤立感がある」「勉強のペースをつかみにくい」といった声が挙がっています。急なオンライン授業であったため、多少の混乱が生じることは否めませんが、大事なことは学生が抱える課題に対応し、困っている学生をケアすることです。アンケート調査では「課題の量」に関する調査項目はありましたが、課題の内容に関する調査は十分に実施できていませんでした。しかし、授業における学生の躓きには様々な種類があります。「課題が提示されたが、課題の提出方法がわからない」というやり方に関する躓き、「授業で扱っている内容を理解できない」という授業内容に関する躓き、「課題が出たけれど、どうやって学習を進めてよいのかがわからない」という学習方法に関する躓き、「課題はあるけれど、やる気がない」という学習意欲に関する躓きです（石井2020）。今後は、調査には挙がってこなかった「学生の躓きがどこにあるのか」について教員が各授業で把握し、そのケアをすることが必要になるといえるでしょう。そのためには、学生が安心して教員に問い合わせをできる状況をつくったり、学生の課題内容を確認してフィードバックをしたりすることが求められます。

　第2章では、インストラクショナルデザインの観点からオンライン授業の設計について述べました。オンライン授業には様々な方法がありますが、各科目の授業目標が異なっているため、どの方法が最適であるということは一

概にいうことはできません。効果的なオンライン授業を実施するには、授業目標に合わせた教育方法や評価方法を選択し、そのバランスを調整していくこと、学生へのケアに十分配慮することが重要になります。こうすることでオンライン授業が対面授業以上の効果を上げる可能性も十分にあります。

参考文献

赤堀侃司（2020）『オンライン学習・授業のデザインと実践』，ジャムハウス

ウォルター・ディック，ジェームス・O. ケアリー，ルー・ケアリー（2004）『はじめてのインストラクショナルデザイン』，ピアソンエデュケーション

ダネル・スティーブンス，アントニア・レビ（2014）『大学教員のためのルーブリック評価入門』，佐藤浩章（監訳），井上敏憲，俣野秀典（訳），玉川大学出版部

市川尚（2015）「魅力ある授業をつくる(2)〜学習意欲を高める方法〜」．稲垣忠・鈴木克明，『授業設計マニュアル Ver2　教師のためのインストラクショナルデザイン』，pp.111-120．北大路書房

稲垣忠（2015）「どう教えるのか？―学習指導案の書き方」．稲垣忠・鈴木克明，『授業設計マニュアル Ver2　教師のためのインストラクショナルデザイン』，pp.65-76．北大路書房

石井英真（2015）『今求められる学力と学びとは―コンピテンシー・ベースのカリキュラムの光と影』，日本標準

岩﨑千晶（2017）高等教育における反転授業に関する教員調査と教員支援．関西大学高等教育研究，8：23-33

関西大学教学 IR プロジェクト（2020）『遠隔授業に関するアンケートの集計結果について』https://www.kansai-u.ac.jp/ir/archives/2020/10/post-35.html（Accessed 2021. 01. 07）

文部科学白書（2018）2040 年に向けた高等教育のグランドデザイン．平成 30 年度文部科学白書，https://www.mext.go.jp/b_menu/hakusho/html/hpab201901/14200 47_006.pdf（Accessed 2020. 12. 22）

文部科学省（2015）現行の大学のアドミッション・ポリシー（入学者受入方針）に関する資料 https://www.mext.go.jp/component/a_menu/education/detail/__icsFiles/afieldfile/2015/04/06/1356363_01.pdf　（Accessed 2020. 12. 01）

文部科学省（2019）令和元年度学校基本調査．p.4.（Accessed 2020. 09. 18）

メージャー．R. F 著，産業行動研究所訳（1974）『教育目標と最終行動―行動の変化はどのようにして確認されるか―』，産業行動研究所，p.5.

村上正行（2017）「入口を点検する」，日本教育工学会監修　松田岳士，根本淳子，鈴木克明『大学授業とインストラクショナルデザイン』教育工学選書Ⅱ 14，ミネルヴァ書房，pp.17-29.

成瀬尚志（2016）『学生を思考にいざなうレポート課題』，ひつじ書房

重田勝介（2017）「出口を点検する」，日本教育工学会監修　松田岳士，根本淳子，鈴木克明『大学授業とインストラクショナルデザイン』教育工学選書Ⅱ 14，ミネルヴァ書房，pp.31–42.

鈴木克明（1995）「魅力ある教材」設計・開発の枠組みについて：ARCS動機づけモデルを中心に．教育メディア研究，1（1）：50–61

鈴木克明（2005a）〔総説〕e-Learning 実践のためのインストラクショナル・デザイン．日本教育工学会誌，29(3)（特集号：実践段階の e-Learning）：197–205

鈴木克明（2008）インストラクショナルデザインの基礎とは何か：科学的な教え方へのお誘い・消防研修（特集：教育・研修技法），84：52–68．より引用，筆者により一部修正

田口真奈（2020）授業ハイブリッド化とは何か：概念整理とポストコロナにおける課題の検討．京都大学高等教育研究，26：65–74

参考図書（もっと勉強したい人のために）

稲垣忠・鈴木克明（2010）『授業設計マニュアル』，北大路書房

R. M. ガニェ，W. W. ウェイジャー，K. C. ゴラス，J. M. ケラー（著）鈴木克明・岩崎信（監訳）（2007）『インストラクショナルデザインの原理』，北大路書房

鈴木克明（2014）『2014年度　日本教育工学会　FD特別委員会大学教員のためのFD研修会ワークブック』，日本教育工学会

付記

　本章は、岩﨑千晶（2021）高等教育におけるオンライン授業の設計．関西大学高等教育研究，12：139–147 の一部を修正し、加筆したものである。

第3章　オンライン授業における評価方法を考える

総合情報学部　小柳和喜雄

1　はじめに

　新型コロナウイルスの影響下、2020年の春を迎え、高等教育機関では、オンラインを用いた授業（3つの密を避け、授業や学習機会の確保を検討する）に関心を向け、その実施が試みられ、これらのことと関わる様々な情報交換が行われてきました。

　これまでも、確かに資格取得と関わる内容については、e-Learning の取り組みが行われ、学識や教養を深める機会を保証していく試みとして、講義映像の配信（例えば MOOC: Massive Open Online Course）が行われてきました。教室という場で行われる対面の授業があたりまえのように存在する中で、ひとつの教育方法の工夫としての ICT の活用や選択肢として e-Learning の取り組みを組み合わせることが行われてきました。

　しかし、このたびの新型コロナウイルスの影響下、授業者も受講者も選択の余地はあまりなく、オンラインを用いた授業を行うことが求められてくる状況の中で、あらためてその教育方法やその評価方法を考えなくてはならなくなりました。

　ではコロナ下のオンライン授業においてどのような工夫が必要とされたのでしょうか。例えば、学習における安心安全の確保や学びを継続させる取り組みの工夫として、フィードバック情報の提供の重要性（Miknis, Davies & Johnson 2020, Winstone & Boud 2020）、学びのコミュニティの構築の重要

性（Carrillo & Flores 2020）などが改めて問われてきました。そして今後の学びに向けて、学び続ける粘り強さ、立ち上がる力、行為主体性（Agency）を発揮させることについて、個人に還元される問題として捉えるのでなく組織としてそれを支える取り組みの重要性がいわれてきました（Adedoyin & Soykan 2020, Lagi 2020）。

　そこで、ここでは、オンライン授業の「評価の方法」を取り上げます。まずあらためて評価という言葉が持つ意味について振り返ります。次に授業の評価方法としていわれてきたことや評価の道具利用について整理します。そしてオンライン授業においては、どのような評価が行われてきたのか、具体的な評価方法に目を向けます。コロナの影響が続く中で、授業目標とした知識・技術、思考・判断・表現、意欲や態度のそれぞれをどういった方法で評価することが可能であり、望ましいのはどのような点を加味することかについて考えていきます。

　なお本章でオンライン授業と呼んでいるのは、①オンデマンド教材を用いて非同期型でネットワーク・テクノロジーを利用した授業、② Zoom、Teams などの Web ビデオ会議システムを用いて同期型でネットワーク・テクノロジーを利用した授業、③上記①と②を組み合わせた授業を意味しています。そのため教室での対面授業で、LMS（Learning Management System）や SNS などネットワーク・テクノロジーを活用する授業、そして対面授業を基本として上記①と②を必要に応じて組み込む授業は、本論でオンライン授業と呼ぶときには、その中に含めておりません。

2　評価という言葉

　評価という言葉は、エヴァリュエーション（evaluation：英語）に当てられる日本語訳ですが、もう1つ、アセスメント（assessment：英語）という言葉も日本語で評価と訳されています。Evaluation の語源は、ラテン語 "valere" に由来しています。"alere" は value「価値」や strong「強い」ことを意味します。そこから転じて evaluation は「評価」を意味することにな

り、良し悪しといった「価値」を定める意味に引き継がれたといわれています。次に Assessment の語源は、ラテン語の "assessus"「臨席する」（sitting by）から来ています。"assessare"「税金を定める」際に査定者として判断時に臨席することに由来しています。経済、特に税と関わって、判断する行為と関わって用いられた言葉と説明されています。説明責任（Accountability）という言葉と密接に関わって用いられ、評価判断するために評価情報を集めることと関わって用いられています（Wyse, Hayward and Pandya, 2016: 2–3）。

　このようにエヴァリュエーションは、ねらいに対してその成果や結果が、どのような意味を持っているのか、集められた評価情報を通じてその価値付け意味付けを行うこと、つまり価値判断を行うことを意味しています。アセスメントと言われるのは、一般に、評価情報の収集とそれに基づき、目的に至るための過程に目を向け、必要なことを明らかにしていくことを意味しています。したがって評価活動は、このエヴァリュエーションとアセスメントとの組み合わせの中で行われていくことをおさえておく必要があります。

3　授業における評価方法

　ところで、なぜ私たちは授業において評価をするのでしょうか。

　それは、授業が受講者にどのような意味や意義を持ったかについて、受講者も授業者も知るためです。その際、「メリット」と「価値」の両方に目を向けていくことが重要になるといわれています（Guba and Lincoln 1981）。「メリット」は、暗黙で、文脈に依存することなく、その授業が持つ意義や意味を指し、「価値」は、特定の文脈または特定のものを取り扱うときに明らかになってくる意義や意味を指します。例えば、大学のある授業の内容は、現在までの研究の知見に基づいて選択構成され、専門家が教えるのに望ましいと考えたことを具体化したものです。そのため、その専門家が、それを学ぶことは、受講者に必要であり大きな意味があると判断され、授業で取り扱われます。受講者も知らなかったことを知り、できなかったことをでき

るようになる機会を得た点で、メリットがあると判断されます。しかし、同じ授業であっても、その受講者の背景、そこで学ぶ受講者の状況によっては、その授業で学んだことが受講者にうまく活かされる場合とそうでない場合があります。その意味で、授業の学習に対する効果は、受講者の学習経験や背景、その学びに向かう態度に左右されます。そのため受講者の学習経験や背景などに目を向け、丁寧に学習の様子を観察し、その学びの姿を評価していく必要があることもいわれてきました。授業者にとっての意味や意義と受講者にとってのそれが「ずれる」場合、その授業が目指していること、つまり授業の成果が学習者に表れにくくなるからです。そのため「授業評価」は必要と考えられてきました。

　では、その授業を評価する際、何をどのように誰がいつ評価したらいいのでしょうか（Hamilton 1976）。

　まず何を評価するかと関連して、2つのことをおさえる必要があります。1つは、授業の目的に即して、その姿にどのくらい受講者たちは近づいているのか、それに関心を向ける「学習評価」です。もう1つは、その姿を導いている取り組みの有効性を判断していく「取り組みの評価」です。

　より具体的に述べるなら、ここでいう「学習評価」とは、例えば、その授業が目指している知識や技能、思考力・判断力・表現力、学びに向かう力などに関して、受講者がそれらを身につけたか、磨いたかどうか、に関心を向ける学習成果の評価です。「学習評価」は、授業が受講者にどのように意味を持ったか、授業が機能しているかをみる上で必要なことです。

　しかし、先に説明をしたように、学習の成果は、受講者の学習経験や背景や状況、態度に大きく影響を受けます。そのことを理解したうえで、受講者の視点に立って授業を効果的に進め、学習の成果を上げていくための工夫改善を検討していく必要があります。そのため、学習のためにどのような取り組みが、受講者の学習成果に影響したかに目を向ける「取り組みの評価」が大切になります。

　ところで「学習評価」、つまり受講者の姿を評価するために、これまでどのような方法がとられてきたのでしょうか。例えば、クイズ、テストによる

評価、授業中の行為行動の観察に基づく評価、振り返りの記述の内容に基づく評価、提出された課題の内容に基づく評価、パフォーマンス評価がよく行われてきました。

　クイズ、テストによる評価は、そこで確認したいことによって異なりますが、①口頭による質問と応答、②事実的知識、概念的知識、手続き的知識を問う筆記問題、③思考力を問う筆記問題などが用いられてきました。行為行動の観察にはチェックリスト、振り返りの記述や提出された課題の評価、パフォーマンス評価には、その授業を通じて到達して欲しい姿を段階的に示したルーブリック（Rubric）などが用いられてきました。ルーブリックとは、①卓越の姿、②目標達成の姿、③目標に近づいている姿、そして④課題がみられる姿、など段階的にその姿を評価する指標を明示し、評価者が被評価者の複合的な行為行動の姿を評価する際に合意できる内容、つまり判断基準を表そうと工夫したものをいいます。

　また授業の成果につながる学習過程を丁寧に見取って評価するために、観察を通じて得た評価情報、個々の受講者の提出物、パフォーマンスの記録（写真や動画）や作品といった成果物を、1つのパッケージとして取り扱うポートフォリオ（Portfolio）というものを用いて、個人の学びの歩みを中長期的に評価する方法もありました。記録から評価情報を選択し、分析して評価していく取り組みです。

　一方、「取り組みの評価」は、1時間、セメスター単位、通年、どの時点で振り返るかを定め、授業で目指していることを学習者が学べているか、それは何によって実現できたかに目を向けます。つまりどのような目的や内容をもった取り組みの後でそれを振り返るかなどの計画を立て、受講者たちの意識や行動の変容に対して、どの取り組みが効果的であったかについて評価をします。その際、受講生へのアンケート、授業感想、インタビュー、授業を記録した映像を用いて、授業改善の評価情報を得ることが行われてきました。個々の受講生たちの学習状況と指導事項や指導方法の関係を視覚化していくために、定量的、定性的に評価情報を処理し、個々人の学びの様子と指導の関係をより深く理解しようとすることが行われてきました。

　次に誰が誰を評価するのかに関しても、次のことをおさえる必要がありま
す。教育機関において学習者の学習活動の評価が行われる場合、「授業者に
よる評価」がその責任を担ってきました。しかし大学の授業でもよくなされ
ているように、「受講者による自己評価」「受講者間による相互評価」も「学
習の評価」をする上で評価情報として意味を持ちます。授業者から見た場
合、ある受講者の学びの姿は高く評価され、あるいは低く評価されるとして
も、「受講者による自己評価」「受講者間による相互評価」の情報をみるとそ
こに判断の「ずれ」が見られることがあります。受講者の姿を多様な視点か
らとらえ評価活動を行っていく上で、これら「ずれ」の評価情報は参考にな
ります。また先にも述べたように、授業改善を考えていく場合には、「受講者
による授業評価」は必要不可欠なことです。「受講者による自己評価」の内
容を視覚化し、また受講者全体の姿も俯瞰しながら相対的に受講者が自己評
価していくことができるように、「受講者間による相互評価」は意味を持ち
ます。しかし自己評価や相互評価はそれを行う学習者に依存します。従って、
「学習に向かう主体的な態度」と関わる「学びに向かう力」の１つとして、
学習者自身がその学びの中で、自身の学習活動や能力の評価をする機会をつ
くり（Assessment as Learning）、学習の評価力（Assessment Literacy）を
育成し、それを身につけていく機会を作ることが重要となるといわれていま
す（Wyse, Hayward and Pandya, 2016: 2-3）。

　最後に評価を進めていく際、いつの時点で授業評価を行うかが重要とな
ります。評価には診断的評価（Diagnostic Assessment：学習者が何を知っ
ていて何を知らないかの入り口の評価）、形成的評価（Formative
Assessment：学習者の学習状況をモニターし、学習を促すために、取り組
みの過程で行われる評価）や総括的評価（Summative Assessment：学習者
が授業における学習目標をどのぐらい達成したか取り組みを終えた後の評
価）の３つがあります。これらは、もともとはカリキュラム評価と関わって
用いられていましたが、授業評価にも応用され、評価計画と関わる考え方と
いわれています。各取り組みの場面でわかること、どのようなことが生じ、
そこから何が学べるかを考える場合、重要となります（Hamilton 1976）。

　しかし、評価計画を立てて取り組む事は大切ですが、実践が評価計画やあらかじめ定めた評価項目にのみ目が向き、他の姿に関心を向けなくなってしまう問題もあります。様々な場面の中で、当初予定していない受講者の姿が垣間見られ、そこから受講者の姿の評価や実践の改善点も見いだせる場合があるからです。このように授業の中で生じていることを丁寧に見取る取り組みは、授業をボトムアップで評価をしていく視点を我々に与えてくれます。シラバス、毎回の授業といった目標を明確にし、評価計画によって実践を絶えず改善していく取り組みと、授業の中で刻々の場面、場面認識を通じて、受講者の姿や実践の改善の視点をダイナミックに読み解いていこうとすることの、両面から評価をしていくことが重要です。

4　オンライン授業で用いられる評価の方法と道具

　では実際に、上記のような評価方法の知見を活かしながら、どのようにオンライン授業の評価を考えていけばよいのでしょうか。

　オンライン授業は、場所の制約を超えることができます。非同期型の場合は、時間の制約も受けない形で進めることもできます。そして、オンライン授業はすべてコンピュータを介して行われるため、学習活動として行われたことが、テキスト、数値、画像、動画ほか様々な情報様式で記録、蓄積できます。それを共有、検索、再利用したり、双方向性や協働性の発揮に活かしたりしながら、知識の集合的な構築にも活用できます。授業者は、オンライン授業で、いつまでにどのようなことを目指しているか、受講者と共有し、その達成度、満足度を、このような記録情報から把握することができます。学習の成果をみる「学習評価」や授業改善のための「取り組みの評価」と関わって、いつどこで誰が誰を評価していくか、上記に触れた評価方法の中から適切なものを選び、オンライン授業を介して記録された情報から判断することができます。その選択には、これまでの対面授業で用いられてきた評価方法の知見が活かせます。しかし、今までの経験では行ったことがない、考えたことがない、いわゆるオンライン授業だからこそ可能な評価活動や方法

に遭遇するかもしれません。一方で、オンライン上に蓄積され共有される学習に関する情報の管理運営に関しては、対面の授業の時以上に、より注意や慎重な対応が求められることも出てきます。

　以下では、これまでオンライン授業評価で用いられてきた評価方法と評価の道具についていくつか具体例を取り上げて考えていきます。

4. 1　オンライン授業における診断的評価、形成的評価

　オンライン授業は先にも述べたように、その授業の過程で行われている学習活動を様々な情報様式で記録蓄積できます。そのため、例えば、Mentimeter、Slido といった参加者の意見を表現するアプリケーション、Google Forms を含む Google のアプリケーション、ビデオ会議システム、Twitter そして各教育機関が公的に導入している LMS（Learning Management System）を用いて、次のような学習活動やその評価活動が行われてきました。

　1つ目は、クイズ（短答、複数の選択肢）が挙げられます。

　学習内容のまとまりごとに項目を絞って頻繁に行われるクイズは、授業者と受講者の両方が学習の出発時点の状況、進捗状況をフォローするのに役立ちます。そしてクイズは、フィードバック情報を即時に提供することに利用でき、主に受講者の知識習得や理解状況を授業者と相互に確かめ合うことができます。多肢選択式のクイズの場合、例えば Mentimeter や Google Forms などは集計機能やそれをグラフで表現する機能を持っているので、授業者は時間を節約し、受講者に迅速にフィードバック情報を提供できます。また Google form は、その収集した情報を CSV データの形式で出力ができるため、後にエクセルで加工して、評価情報としてだけでなく次の授業の教材としても利用できます。同期型で授業を行っているときは、クイズに関する受講者の回答結果をビデオ会議画面上に表示し、共有し、互いに関連付けながら意味付けや評価が行えます。非同期型で授業を行っているときは、電子メールまたは学習管理システム（関大 LMS）の使用を通じて、受講者の回答にコメントを伏してフィードバック情報を提供し、学習過程での評価情報を受講者と授業者で共有することができます。

　2つ目は、投稿が挙げられます。LMS のディスカッションボード、Twitter、Slido などをオンライン授業で用いていることは非同期型の授業でも同期型の授業でもよく見受けられます。授業者は、受講者個人またはグループに対して、ある問いやトピックに関わって意見を述べたり、会話をしたりすることを投稿という形で求めます。対面授業の場合も、実際に理解を深めたりアイデアを出したりするときに、ディスカッションがよく用いられてきました。しかし、①話していることについて、メモを取り確認をとっておかないと消えてしまうが、話している人から目をそらしたり中断させたりするのは申し訳ない。②人が話している際に何か思いついても順番待ちをしないといけない、など対面の話し合いがもつ制約もありました。一方オンライン授業の場合、非同期の場合は、必然的に投稿はテキストとして記録され、そこで質疑や内容を確かめ合う往復のやり取りも記録されます。同期型の場合は、ディスカッションの場面での録画が可能であり、また人の話を聞きながら思いついたことを、チャットにつぶやいたり、まとまった意見はディスカッションに投稿したりできます。つまり様々な情報様式でディスカッションの過程を記録蓄積することができます。

　もちろん、オンライン授業においても、授業者は、ディスカッションと関わるガイドラインの説明、時間制限、グループ分け、どのような道具を用いて行うか、その使い方の説明をする必要があります。また必要に応じて投稿されたテキストを用いて、受講者間の教育的相互作用を促すために、要約を提示したり、関連するトピックを提示したりしながら、ディスカッションを活性化させる必要があります。ディスカッションで深めたい、強調したい興味深いトピックがある場合、授業者は、そこに新しい関連トピックのスレッドを作り、関連情報や深めるための情報のリンク先を提示する必要も出てくるかもしれません。ディスカッションを通じた学びにおいて、問われていることやそのトピックに関して、受講者間で理解が不十分な点や誤解を解消していく支援をする必要があるからです。しかしいずれにしろ、受講者がその学習過程でどのような学びをしているか参加度やその質などを評価する情報を収集することが比較的容易にできます。個別にフィードバック情報を返

し、ある時点までの学習評価として個々人の学習過程を把握し指導に生か
す。また学習状況の把握から、場合によっては授業全体の方向の修正に生か
すこともできます。そのため出発点の姿、学習過程の姿を評価する、診断的
評価や形成的評価をしていく際に、このプロセスの記録が評価情報として用
いられることが行われてきました。

　３つ目は、共同作業が挙げられます。受講者グループが共同作業をしなが
らある課題を進め、報告書や制作物を完成させていく場合、オンライン授業
では、Google のアプリケーション（Google Docs、Sheets、Slides）などを用
いて、行われることがありました。受講者と、自身が出したアイデアの後に
（　）で名前を入れるなどのルールを決め、共同作業支援ツールを用いる
と、その作業プロセスでの各受講者の役割や貢献度、どのように思考が深ま
り、集合的にアイデアや作品が作られてきたのかを、授業者も受講者も評価
できます。プログラムや動画制作の場合は、チャットなどの利用も促し、授
業者も、チャットを使用して、受講生グループとリアルタイムでやり取りす
ることもできます。

　受講者グループによる共同作業の場合、ある受講者がリードし、あまり関
わらない受講者も共同作業の結果である報告書や制作物の提出により、グ
ループとして同じ総括的評価をされることがあります。しかしその学びの過
程において、個々人がどのように共同作業に関わったかの記録を評価情報と
して参考にすることで、その学習過程においてグループの活動に対して、個
別の受講者に対して、授業者は指導を入れることができます。

4.2　オンライン授業における総括的評価

　次に、オンライン授業における学習結果の評価、つまり総括的評価を中心
に、評価の道具やその方法例を見ていきます。

（1）総括的評価で最初におさえておく必要があることについて

　それは、評価の手続き、提出ポリシーを明確に受講者に初回に説明するこ
とです。例えば、受講生は、いつまでにどのようなもの（指定の LMS、メー
ル、Google ドライブ、Dropbox など）を使って何を提出するのか。作業時

の損失を最小限に抑えるために、受講者に提出物や作業記録など関連のものを外部の記録メディアに保存するように指示します。対面授業でも同様なことが求められますが、オンライン授業の場合、総括的評価として、最終試験の結果だけをみて、その学習到達度の判断をすることが、以下の理由で難しいためです。

　1つ目は、オンラインで最終試験を行う場合、受験場所に制限をかけることが難しいからです。LMSなどを用いて、試験に関して日時制限をかけることは比較的容易です。しかし場所の制限をかけられないため、一人で受験しているのか、複数で話し合いながら受験しているのか、試験を実施する授業者が把握できない問題が挙げられます。2つ目は、オンラインで受験している場合、オンラインで様々な情報が検索できるため、その授業で重要となる事実的知識、概念的知識、手続き的知識を問題で出題した場合、検索してコピーアンドペーストで回答されることを認識しておくことが必要となります。つまり、従来の筆記試験でよく用いられた知識の再認や再生を問うことを通じて、授業で取り上げたことを正確に覚え、説明できるかどうか、その力を問うことは、オンライン試験では、扱いにくい、つまりその力を正確に評価できないことが挙げられます。

（2）オンライン試験の進め方について

　オンライン授業のオンライン試験は、例えば、改訂版ブルームの教育目標の分類学（Anderson and Krathwohl 2001）でいえば、授業で学んできた事実的知識、概念的知識、手続き的知識を用いて、「応用」「分析」「評価」「創造」など比較的高次な認知次元の操作をさせる問題を出し、「記憶」「理解」も一緒に評価する、問い自体の工夫が必要となります。また先の1つ目の問題である受講者同士の相談を回避するためには、回答方法を多肢選択形式や短答形式ではなく、自身の考えを自分の言葉で表現させる説明記述形式にすることが求められます。もちろんCBT（Computer Based Testing）のシステムを用いて、ある回答フォームにIDとPasswordを使って入り、同じ力を測る異なる問題群を使って、問題ごとに時間制限をかけ、近くにいても受講者同士が相談できない環境を作り行う方法もあります。しかし、その開発

や予算も多くかかることから、オンライン授業の担当者が、総括的評価を行う場合、以下のような進め方がよく選ばれてきました。

1) 個々人の学びの成果、活動に対する評価

　総括的評価で、1つ目として挙げられるのは、オンライン授業で学んできたことを、論文、オーディオ／ビデオ記録、ブログ、プレゼンテーション資料などを通じて、その受講者個々人の学習の結果と成長を見ることが挙げられます。授業者は、先に述べた形成的評価も併用し評価情報を参照し、その全体情報から総括的評価をします。その場合、授業者は受講者に学習過程も評価として取り上げること、成長や変化の過程をみることを、オンライン授業の初回に受講者に伝える必要があります。

　①論文を取り上げる場合、その長さは、短い段落から完全な研究報告まで様々です。それは授業の目的や内容にもよります。例えば最終的に長文のレポートを作成させ学習の成果を示させる場合、そのゴールに向けてオンライン授業の組み立てをスモールステップにし、定期的に課題提出期間を決め、それを積み上げていく方法や深掘りさせていく方法があります。具体的には、ある時点で（第5回、第10回など）、ある期間の授業内容に即してその要約文を提出させます。授業者は、受講者が記憶に残っている点、重要な点と判断している講義の内容を正確に理解しているかどうかを見ることになります。要約文に対して授業者からその理解に関する問いが個別にあるいは全体に出され、受講者は振り返りを行います。その過程で受講者は、オンライン授業のある部分で不明確な理解内容がある場合、それについて意識化し、自分の言葉で説明し直すことで理解を正確にしていくことを導きます。あるいは、要約文に対して、授業者が問いかけはせず、受講者相互にそれぞれの要約文を相互参照させます。自身の要約に対して、一緒に受講している受講者から質問を受けたり、不明確なところについてアドバイスをもらったり、必要に応じて授業者からもフィードバックをもらったりしながら、それに応えることを導きます。

　このようにレポート作成を積み上げ螺旋的に理解させ考えを深めさせていく方法や掘り下げ螺旋的に理解度を明確にさせ、考えを深めさせていく方法

を、15 回の途中で仕掛け、その成果を使って最終レポートを出させ、総括的評価で判断します。

　②オーディオ / ビデオ記録を取り上げる場合、授業者から提供された各課題と関わるモデルとなるオーディオ / ビデオ記録とその解説を受け取り（例えば、LMS を通じて受け取り）、受講生は自身のパフォーマンスをオーディオ / ビデオ記録として残します。モデルと比較し、受講生は自分の学習のレベル / スキルを自己評価し、評価した結果を文章で説明します。パフォーマンスに関しては自身が選んだオーディオ / ビデオ記録を、LMS を通じて投稿します。授業者は、これら課題に応じて提出され蓄積された記録情報をもとに総括的評価を行います。他にパフォーマンスに関する自己評価について、多肢選択式セルフテスト（数問の質問）に応えると、即時フィードバックが返る自動スコアリングを使用した取り組みもオンライン授業の評価として見られます。

　③ブログを取り上げる場合は、クラスの開始時にブログを用いることを受講者に説明し、ブログの投稿テーマを毎週割り当て、毎週のブログの投稿（取り上げた内容や考えた内容、自分の経験と関わる内容、価値あると思われた内容、学習した内容から発展させたい内容）や受講者間でなされるトラックバックや外部情報の引用リンクとその解説を評価情報として取り扱うことを説明する必要があります。そしてそのブログを通じて、オンライン授業での学習について全体的な要約を求め、最終的な考察を求め、その記述を総括的評価します。

　④プレゼンテーションを取り上げる場合は、受講生が、オンライン授業で学んだことやその成果を人にわかりやすく説明し語りかけることを、いつの時点の課題とするか授業の初回に説明する必要があります。プレゼンテーションする内容を、例えば学習内容をほかの人に理解してもらうために作成したクイズ、課題で作成したプログラム、作成したアプリケーション、ビデオ / オーディオ、スライドショーなど、自由に決めていいのか、必ずあるものを入れるのか。その表現形式として、情報を Web ページ上に表現するのか、スライドでまとめるのか。また中間と最終の 2 回で見るのか、最終 1 回

で総括的評価がなされるのか、説明する必要があります。その上で、その条件に基づき、パフォーマンスや成果物を総括的評価します。

　なお上記の取り組みの場合、ルーブリックが用いられることがよくあります。授業者は、これを用いる場合、それぞれの課題で求めている学習の姿のグラデーションを指標の形で示し、課題とともに受講者に提供する必要があります。その課題で何を目指し何を振り返る必要があるか、受講者に見通しを持たせる必要があるからです。また受講者同士に相互評価（ピアレビュー）させて、その評価結果もオンライン授業の評価として活かしていく場合は、相互評価のルール（何人に対していつまでにどのようになどのルール）を決め、その結果を記載する場（全体で共有する場合はディスカッションボードといわれる掲示板やチャット、など）を明らかにしておくことが必要となります。

2)　グループでの学びの成果、活動に対する評価

　2つ目は、プロジェクト方式で行われる集団的な学習活動を総括的評価する取り組みが挙げられます。そこには、ケーススタディ、シミュレーション、ロールプレイング、問題解決演習、作品制作が含まれます。オンライン環境で、受講者たちは、授業者によって事前に決められたトピックやグループメンバーで選んだトピックに取り組みます。その過程でグループメンバーまたは授業者は、必要に応じてオンライン環境を利用して、フィードバック情報を送受信し、課題解決や探究活動を進めます。そしてほかのグループメンバーに向けてその結果をまとめ、ウェブサイト／ブログ／フォーラム／ディスカッションボード（掲示板）を介して、グループの発見や結論を表現し、場合によっては広く公開します。このような場合、授業者は、グループワークを総括的評価することになります。グループワークの成果とともにそこにおける個々人による学びの成果の2つを総括的評価する場合は、それについても受講者に初回に伝えておくことが必要となります。そして自己評価とピアアセスメントのための評価フォーム（プロジェクトをスタートさせるときの学習目標と関わる評価の観点も記したもの）を提供します。グループワークの中で、受講者各人が最終的な成果物に向けてどのように歩んできた

か、具体的なプロセスをブログ / フォーラム / ディスカッションボード（掲示板）などに記載させるなら、そのルールも明確に伝えておく必要があります。例えば、情報を記載する際に、自分はその成果物の制作過程でどのように関わったか、その役割や貢献度を明記し（　）で名前を入れて記載すること、などです。そして記された役割や貢献度は、総括的評価に加味すること。これらのルールについても伝えておく必要があります。

5　おわりに

　大学の授業について直接述べている内容ではありませんが、OECD ラーニングコンパス 2030 では、学生が自分の生活にプラスの影響を与える能力と意志を持つこと、そしてその周りの世界に対して積極的に関わっていくことを重要な点としておさえ、スチューデントエージェンシー（Student Agency）や共同エージェンシー（Co-agency）という概念を用いて教育目標の設定を促しています。これは誰かに決定されたものをただ受け入れるのではなく、責任ある決定と選択を行い、行動することに関心を向けています。学生が学習のエージェントである場合、つまり、何をどのように学ぶか決定する際に積極的な役割を果たす場合、その学習意欲が高まり、自ら学習の目的を定義する可能性が高くなること、そして、これらの学生は、「学ぶ方法を学ぶ」可能性が高くなることを根拠としています。最初に述べたように、オンライン授業では、とくにコロナの影響下において、学習における安心安全の確保や学びを継続させる取り組みの工夫として、フィードバック情報の提供の重要性、学びのコミュニティの構築の重要性に関心が向けられています。今後の学びに向けて、オンライン授業の評価方法も、このような汎用的な資質能力の育成も視野に入れた評価の取り組みも求められると考えます。

参考文献

Adedoyin, O.B. & Soykan, E.（2020）: Covid-19 pandemic and online learning: the challenges and opportunities, *Interactive Learning Environments*, DOI:

10.1080/10494820.2020.1813180

Anderson, L. W. & Krathwohl, D. R. et al (Eds.) (2001) *A Taxonomy for Learning, Teaching, and Assessing: A Revision of Bloom's Taxonomy of Educational Objectives*. Allyn & Bacon. Boston, MA (Pearson Education Group).

Carrillo, C & Flores M. A. (2020) COVID-19 and teacher education: a literature review of online teaching and learning practices, *European Journal of Teacher Education*, 43:4, 466–487, DOI: 10.1080/02619768.2020.1821184

Guba, E. & Lincoln, Y. (1981). *Effective evaluation*. San Francisco: Jossey-Bass.

Hamilton, D. (1976) *Curriculum Evaluation*. Open Books Publishing.

Lagi R. K. (2020) COVID19 ─ resilient education in the islands, *Higher Education Research & Development*, 39:7, 1367–1371, DOI: 10.1080/07294360.2020.1825347

Miknis M, Davies, R. & Johnson, C. S. (2020) Using rubrics to improve the assessment lifecycle: a case study, *Higher Education Pedagogies*, 5:1, 200–209, DOI: 10.1080/23752696.2020.1816843

Winstone, N. E. & Boud, D. (2020): The need to disentangle assessment and feedback in higher education, *Studies in Higher Education*, DOI: 10.1080/03075079.2020.1779687

Wyse, D., Hayward, L. and Pandya, J. (eds.) (2016) *The SAGE Handbook* of *Curriculum, Pedagogy and Assessment*. London: SAGE Publications.

第4章　学習・授業を支える FD・学習支援環境を考える

教育推進部　岩﨑千晶

　第4章ではオンラインでの教育実践を支えるために、大学は教員と学生に対してどういった支援を講じているのかについて論じます。教員には教授支援としての FD について、学生には学習支援で配慮すべき点について、関西大学や他大学の実践事例をもとに振り返りながら、ICT 機材などのハード面と人的支援などのソフト面の両面からどのような手立てを講ずることが望ましいのかについて明示します。

1　オンライン授業実施に向けた教員向けの FD 活動

　2020 年 4 月はオンライン授業を急遽開始することになり、多くの教員が戸惑いを感じていたと思います。困惑を抱える教員や学生を少しでも支えることができるように、大学教育センターや大学の教職員は全力で FD 活動に取り組みました。通常、大学教育センターでは、FD セミナー、授業コンサルテーション、教育方針の提案、カリキュラムマネジメント、授業アンケート支援、学生スタッフの育成、IR などを行っています。また学生に向けた学習支援や課外活動支援も担っています。様々な業務を担う大学教育センターに所属する教員の専門は、教育学、教育工学、教育社会学、教育心理学などと幅広く、学部と兼任している大学教育センター所属の教員も多いのが現状です。大学教育センターの教職員全員がオンライン授業の専門家というわけではありませんでしたが、それぞれの専門性を超えて、教授支援に取り

組みました。

　コロナ下における大学教育センターの取り組み例としては、FD セミナー（学内配信システム・YouTube Live にて配信）、FD 相談会（対面・Zoom・メール・電話など）、システムの操作方法・授業設計に関する Tips 集（資料・動画など）の作成、オンライン授業の実施に役立つサイトをまとめた Web サイト制作、オンライン授業を支援する TA の導入・TA 研修、オンライン授業実践に関する学生や教職員を対象としたアンケート実施などが挙げられます。

2　関西大学の ICT 環境支援とオンライン授業の実施形態

　オンライン授業を行う前提となるのが ICT 環境の整備です。関西大学の ICT 環境は比較的整っていたといえます。関西大学は 2019 年度より BYOD（Bring Your Own Device）を推奨していたため、教職員や学生が使える関大 LMS（WebClass）、Office365、ウイルスソフト、Dropbox、講義配信システムを従来から提供していたからです。これらに加えて、1 クラス 300 名まで受講できる Zoom での包括契約を行い、Dropbox の容量を増やしました。また、学生に向けて、春学期はノート PC の貸し出し（250 台）、モバイル Wi-Fi ルーターの提供（300 台準備、個人負担 2000 円、月間データ容量 20GB）、プリンターのない学生向けにコンビニ印刷の支援などを行いました。その結果、ほとんどの学生が自宅でオンライン授業を受講できる環境が整いました。2020 年春学期は 90 ％弱の学生が PC を使い、10 ％強の学生がタブレット・スマホを活用して授業を受けました。

3　現場の課題に即時対応できる柔軟な FD 体制の構築

　2020 年 3 月に関西大学教育開発支援センターの教職員は FD 活動を行うことを即時に決定しました。室田（2018）は災害時の初動対応として「①駆けつける、②体制を作る、③状況を把握、④目標・対策について意思決定、

⑤呼びかける」ことが重要であるとしています。コロナは災害とは異なりますが、FD を始めた 1 週目は「①駆けつける、②体制を作る、③状況を把握」を行いました。まずは、教育工学や理工系を専門とする教育開発支援センターの教員 3 名と、学内のシステムに長けている IT センター職員 2 名の 5 名体制で個別相談会を行いました。当初、教員のニーズや参加者数を把握できなかったため、個別相談の形で実施しました。相談会には「これまで実施したことのないオンライン授業が始まることになるので、どうしてよいかわからない」という不安を抱えた教員が開始早々来室しました。そこで、1 週目は「教員の不安を取り除き、安心してオンライン授業に挑んでもらう準備ができるようにすること」を目指した支援を行いました。すべての授業をオンラインに切り替えることは、教員にとっては大きな負担となりますが、教授陣はそもそも優れた教授力があるため、授業設計の基礎やオンライン授業で配慮すべき点、ICT の基本的な操作方法を習得できれば、オンライン授業には対応できると確信していました。

　この個別相談会を 3 日間実施することで、教員らの相談したい内容を把握できたため、その後 Zoom によるリアルタイム型オンラインセミナー「オンライン授業設計の基礎（講師：岩﨑千晶）」、「関大のシステムを使ったオンライン授業の設計（講師：山本敏幸）」、「関大のシステムの操作方法（講師：多田泰紘）」に変更しました。セミナー後は、個別相談も受け付け、英語での相談も対応しました。またセミナーで利用した資料やシステムの詳細な操作方法などに関しては、教職員が協力してスライド（国際部の協力を経て、英語も併記）を作成し、WEB で公開しました。

4　時期や状況に応じた FD 活動の実施と組織間の連携

　4 月 2 週目は、「③状況を把握、④目標・対策について意思決定、⑤呼びかける（室田 2018）」ことを行いました。個別相談や FD セミナーに参加を希望した教員が回答したアンケート（有効回答数 182 件）では、約 70 ％の教員が関大 LMS の利用経験が十分にない方が中心でした。また Zoom に関

しては、約 60 ％の教員が利用経験がないという状況でした。そのため、操作方法に関しても詳しく扱うようにしました。また、セミナーを録画し、繰り返し視聴できるようにしました。アンケートで、教員から寄せられた質問・要望（関大 LMS 80 件、Zoom など 86 件）に関する代表的な質問を表 4−1 に示します。

　3 週目は週 3、4 回のセミナーを行い、毎回 70 名から 260 名程度の参加がありました。個別相談やセミナー実施当初は教育工学を専門とする教員が中心になって対応していましたが、日に日に参加者が増えたため、教育開発支援センターに所属する教職員全員で支援に携わるようになっていました。様々なテーマを設定した FD セミナーや個別相談で挙がってくる多種多様な質問については、教員ひとりで答えられる幅を大きく超えていました。その

表 4−1　教員から寄せられた質問

内容	質問・要望例
著作権	新聞記事や書籍のコピーを LMS 上においてもよいか？
データの容量、システム	集中アクセスでのサーバダウンの危険性はないのか？ ダウンロードの速度を知りたい
学生への配慮	スマホで受講する学生への配慮はどうしたらよいか？ ネット環境が悪い学生への配慮はどうすべきか？
基本操作	マニュアルは手元にあるが、基本から説明を依頼したい
教育方法を実践するための ICT 操作の確認	外国語の授業（プレゼン・スピーチ）で画像や音声ファイルを提出させたいので、その際の手順を知りたい ピアレビュー、出席（遅刻）確認、採点の仕方をどうすればよいのか？
教育方法を実践するためのよりよい ICT 活用方法	OneDrive にファイルを提供して、個人伝言で URL を教えるとよいか、さらに良い方法はあるか？ グループワークをするにはどういうシステムを使えばよいか？
効果的なオンライン授業の方法	効果的な授業設計、学生同士の意見交換のポイントが知りたい 双方向性・フィードバックはどの機能を使えば達成できるのか？
テスト環境の用意	実際にブレークアウト機能を試してみたい

ため、セミナーや相談会は常に教員が 2 名以上、IT センター・授業支援の事務職員が 2 名以上参加し、誰かが質問に答えられるようにしました。対応者が疲弊することのないよう、それぞれの得意分野を活かし、苦手分野をカバーできる体制を組みました。

　また Zoom を使ったオンラインの授業体験をしてみたいという希望もあり、参加者が講師役としてオンライン授業を体験できる場を作るようにしました。災害時には、空振りを許して、見逃しを許さないことが重視されていますが（室田 2018）、FD 活動においても、課題を抱える教員を見逃さないことを重視した活動を心掛けました。

　2020 年 5 月以降も FD 相談会を継続して実施しました。この時期になると、各教員が一度はオンライン授業を経験する状況になっており、相談会へ寄せられる質問に変化が出てきました。例えば「オンラインでのグループワークを支援するにはどうしたらよいのか」「オンラインでの議論を深めるにはどうしたらよいのか」などとより授業の本質にかかわる質問が増えました。また相談会の参加者同士で「どんな風にオンライン授業をしているのか」という事例を共有する機会として利用されるようになってきました。

　一方で、基本的な質問を希望する教員も存在したことから、初心・初級／中級のレベルに分けた FD 相談会を実施するようにしました。また 5 月中旬には、「定期試験を行わず、平常試験で総合評価する」方針が大学から出されたため、評価に関する FD セミナー「遠隔授業の学習評価」「パフォーマンス課題の評価とフィードバック」（講師：多田泰紘）を実施しました。6 月に入ると、教員からの相談件数は落ち着いてきましたので、「現状のオンライン授業をよりよくすること」に焦点を置き、他大学と教育実践事例を共有しあう FD セミナーを開催しました。さらに、7 月には間近となった評価活動を取り上げ「コロナ禍の授業実践を振り返り、遠隔授業の教育方法・評価方法を考える」と題して、関西大学文学部の安藤輝次教授による講演、化学生命工学部の池田勝彦教授による理工系授業における報告、外国語学部の山崎直樹教授による外国語教育報告、社会学部関口理久子教授による心理学実験における報告により、学内の教育実践を共有する機会を設けました。

　緊急時には、裁量的判断の幅と資源制約下でのジレンマを感じつつ、業務を選んで対応する、つまりふるいわけ（Screening）をすることが重要だと言われています（リプスキー 1986、松井 2018）。今回のオンライン授業のFD 活動においても迅速に判断し、適切な FD 活動を展開するため、教育開発支援センター長の元、教職員総出で、その時々の状況を見極めて、「不安を取り除く」「オンライン授業をよりよくする」「評価活動」など、時期に合わせ FD 活動として取り上げるべきテーマを選んで FD 活動に取り組みました。

　またその時々には、教育開発支援センターの教職員だけではなく、IT センター、各学部の教職員などが参画し、それぞれの専門性を活かした FD 活動への支援を行いました。通常の業務は縦割りで行われることが多く、風通しがよいことばかりではありませんが、各教職員が何とかしなければという想いで皆が一丸となって、協力し合い、貢献し合うことができ、まさに真のFD 活動が遂行されたと考えています。

▍5　学生に向けたオンラインでの学習支援活動

　学生に向けた支援活動としては、教育開発支援センター、ライティングラボによる「アカデミックスキルに関する支援」、国際部による「外国語に関する支援」、学生相談・支援センターによる「配慮が必要な学生に関する支援」、学生センターによる「学生生活全般に関する支援」、IT センターや授業支援グループによる「オンライン授業を受けられる環境支援」、教務センターによる「学生の LMS アクセスに関する支援」、関西大学教育後援会による「1 年生向けの友人作りの支援」など、様々な取り組みがありました。もちろん、各学部も所属学生向けにアンケート調査をし、オンラインでの授業環境について調査や支援等を行いました。各組織が学生ファーストでできることを模索、実践がされていたといえます。その取り組みを幾つか取り上げます。

5. 1　教育開発支援センター、ライティングラボによる「アカデミックスキルに関する支援」

　教員の FD と並行して実施したのが、学生の「学びを止めない」ための学習支援活動です。完全休講となった 1、2 週目においても学生が学び続けられるように 4 月 6 日から 16 日まで毎日 Zoom でのアカデミックスキルを学ぶワンポイント講座（講師：多田泰紘、藤田里実、岩﨑千晶）を提供しました。毎日 30 分の講義を配信し、全 23 回のセミナーを実施しました（図 4−1 参照）。

　コースは 3 つ設けました。1 つ目は、1、2 年生向けのノートテイキング、レポートライティング、プレゼンテーションを扱ったコースです。2 つ目が理工系学生向けの実験ノートやレポートの書き方に関するコースです。3 つ目が 3、4 年生向けの卒論執筆や発表に関するコースです。それぞれの学年や専攻にあわせたワンポイント講座を Zoom で配信することで、「学びを止めない」環境を構築し、オンライン授業が始まったときに学生がスムーズに

図 4−1　アカデミックスキルのワンポイント講座

授業を受講できるように Zoom での学習に慣れておくこともねらいとしていました。また教員が本セミナーを閲覧し、Zoom でのオンライン授業のイメージを持つという目的もありました。

　加えて、ワンポイント講座を行ったライティングラボでは「レポートの書き方ガイド」「アカデミックライティングを学ぶ e ラーニング教材」を開発していましたので、これらの教材を活用することができることも学生に伝えました（図4-2参照）。

　さらに、4月3週目以降にオンライン授業が開始する段階においては、Zoom や関大 LMS の操作方法を扱うセミナーを実施したり、（図書館を使えない状況であったため）自宅から図書館サービスを利用する方法に関するセミナーを実施したりしました（講師：三浦真琴、藤田里実）。

　これらの学習支援に取り組んだ関西大学教育開発支援センターのライティングラボは学習支援を担う組織で、主に①訓練を受けた博士課程や PD のチューターがレポート作成やプレゼンテーションの個別相談に対応すること（1回40分）、②アカデミックスキルに関するワンポイントセミナーを実施すること、③大学の授業にライティングに関する出張講義をすること、を行っています。コロナ下以前からオンラインでのチュータリングを実施していましたので、①の個別相談に関しては継続してオンラインでのチュータリングを即時に実施できました。②のワンポイントセミナーに関してはオンライン授業の実施当初は、学内システムにアクセスが集中したため、YouTube で限定公開をするなどしました。③の出張講座に関しては、学部からのニーズに対応する形でオンラインでの実施を行いました。いずれの場合も、教員や学生のニーズに合わせて柔軟に対応するように心がけました。

5.2　学生相談・支援センターによる「配慮が必要な学生に関する支援」

　学生相談・支援センターでは、配慮が必要な学生に対する支援が行われていました。聴覚障害を持つ学生がリアルタイム型オンライン授業を受講する場合は、遠隔情報保障システム「T-TAC Caption（ティータック　キャプション）」を活用し、聴覚障害のある学生が教員の講義内容を文字で読める

図4-2　アカデミックライティングに関するeラーニング教材

ように配慮して授業が進められていました。遠隔情報保障システム「T-TAC Caption」は、国立大学法人筑波技術大学の三好茂樹教授が開発したもので

高等教育機関や初等中等教育機関で学ぶ聴覚障がいのある児童・生徒・学生のために遠隔地からの情報保障を円滑に実施することを目的に開発されています。

　オンデマンド型授業の場合は、学生相談・支援センターのスタッフが資料を書き起こして PDF ファイルを提供していました。YouTube の限定配信機能による授業では、自動字幕機能を活用したうえで、学生が読みやすいようにスタッフによる修正が行われていました。このような聴覚障害のある学生のために、教員には紙の資料を作成することや講義映像を撮影する際に、口元が大きく映るように工夫をする必要があるといえます。

5.3　学生同士によるオンライン相談、友達づくり「触れずにフレンズ」

　授業に関連する質問は教員に尋ねることができますが、オンライン授業では、学生活動全般に関する質問や先輩学生に聞いてみたいことを訊く機会が十分にありません。そこで、教育開発支援センターが中心になり、授業支援 SA（Student Assistant）によるオンライン相談を実施していました。毎日 20 件程度メールにて寄せられる質問に対して、先輩学生である SA が回答し、職員がその回答内容を確認したうえで返信するようにしていました。

　学生からは、システムに関する質問（Zoom ではない授業でのシステムの使い方、遅刻して Zoom に入れなかったなど）、授業に関する質問（レポートが多い、履修を変更したいなど）、学生生活（教科書販売、奨学金など）、先輩学生への質問（おすすめの授業、みんなと仲良くなれるサークル、学習方法）についての問い合わせが寄せられました。

　大学生活は授業だけで完結するわけではありません。課外活動や友達と話し合うことなど、オンライン授業以外にもたくさんの学びがあります。しかし、大学に行けない状態では友達を作ることも容易ではありません。そこで関西大学教育後援会では初年次生のために友達づくりを支援する「触れずにフレンズ」というサイトを作り、学生同士が交流できる場も構築していました。

6　組織の関係性と意思決定

　各組織がオンライン授業の支援や学生ファーストの学習支援を迅速に展開できたのは、各組織の長による迅速な意思決定があったことが大きいと考えます。教員向けの FD やアカデミックライティングの支援に関しては、教育開発支援センター長が各取り組みを指揮するとともに、教職員が柔軟な体制で支援を実施しました。また、教員からの多様なニーズや課題に応えるべくセミナー、個別相談、資料作成を進めることができたのは、教育開発支援センターの教員だけではなく、教育開発支援センター・IT センターが協同し、複数の教職員で対応できたからであるといえます。関西大学では教育開発支援センターの教員と職員は共に過ごす活動拠点があり、すぐに意思疎通をとりやすい関係が形成できていたこともよい影響を及ぼしていると考えられます。実際、教員から寄せられた質問は授業設計に限ったものではなく、システムに関する問い合わせや教務事務に関する質問も多くありました。教育面・システム面・事務面の 3 ポイントからのアプローチが求められましたので、複数の組織による教職員での対応が不可欠でした。上長は、組織の枠を乗り越えて活動できる環境を促すことも必要になるでしょう。

　これらの組織が意思決定をする判断材料としては、大学が実施するアンケート調査も参考になるといえます。関西大学教学 IR プロジェクトでは、春学期と秋学期にアンケート調査を実施しました。春学期は教員と学生を対象にオンライン授業について尋ね、秋学期はオンライン授業と対面授業に関する質問を学生対象に実施しました。こうしたデータをもとに、状況を分析し、適切な判断をして、求められているアクションを迅速に進めていく力（市川 2018）は、教職員にとって強く求められることになると考えます。

7　FD 活動の階層性

　第 4 章で提示したような FD や学習支援はどの大学も実施してきました。各大学が行う FD に加えて、研究仲間や Facebook における自助的な FD 活

動も盛んに実施されました。学部の教員同士や研究仲間と Zoom での模擬授業を行うなどの活動も実施されていました。これまで以上に自助的な FD 活動が推進された機会になったともいえます。また Facebook では、コロナ下における情報、取り組み、ノウハウ、経験などの知を共有するために「新型コロナのインパクトを受け、大学教員は何をすべきか、何をしたいかについて知恵と情報を共有するグループ（https://www.facebook.com/groups/146940180042907/about）」ができ、2 万人以上の大学教職員が参加し、授業に関する意見交換が行われました（発足当初は別の名称）。

　学会や国立情報学研究所によるセミナーも多数実施されました。国立情報学研究所では、3 月末から毎週オンラインセミナーが実施されました。オンライン会議の選び方チェックリスト、文部科学省のまとめ、図書館、評価、授業事例、初心者向けのコースづくり、データダイエット、秋からはオンラインと対面のハイブリッド授業など、その時期やニーズに合わせたトピックが選ばれていました。日本教育工学会においても「オンライン授業のあり方を考える―コロナウイルス対策での実践を振り返って―」と題したシンポジウムや、海外の学会においても各国の研究者を集めたオンライン授業に関するシンポジウムが企画されたり、秋にはコロナ下における教育に関する書籍が出版されたりもしました。

　このように大学内のコミュニティ、大学外のコミュニティなど、それぞれの階層において様々な形で FD 活動が実施されてきました。今後は、自助的な FD 活動を実施しやすい環境を整えたり、支援をしたり、また学会の取り組みなどの情報を学内の教員に提供することも大学には求められるでしょう。

参考文献

市川宏雄（2018）「災害・危機発生時の職員の役割と行動」. 市川宏雄・中邨章編著『災害発生時における自治体組織と人のマネジメント』. 第一法規
関西大学「2020 年度 春学期における取り扱いと対応について（まとめ）」http://www.kansai-u.ac.jp/mt/archives/2020/06/2020_23.html（Accessed 2020. 06. 05）
関西大学ライティングラボ「Zoom で学ぶワンポイント講座」http://www.kansai-u.ac.jp/ctl/labo/onepoint-advice/index.html（Accessed 2020. 06. 05）

国立情報学研究所　https://www.nii.ac.jp/event/other/decs/（Accessed 2020. 06. 05）

M. リプスキー（田尾雅夫・北大路信郷訳）（1986）『行政サービスのディレンマ：ス
　　トリート・レベルの官僚制』，木鐸社

松井望（2018）「復興過程のなかでの住民意識と行政対応」．稲継裕昭編著『東日本大
　　震災大規模調査から読み解く災害対応：自治体の体制・職員の行動』，第一法規

室田哲男（2018）『自治体の災害初動対応：近年の災害対応の教訓を活かす』，近代消
　　防社

日本聴覚障害学生高等教育支援ネットワーク遠隔情報保障システム T-TAC CAPTION
　　http://www.pepnet-j.org/web/file/enkaku/tech-manual-ttaccaption.pdf
　　（Accessed 2020. 06. 15）

謝辞

　関西大学学生相談・支援センターの藤原隆宏コーディネーターはじめ、関西大学が提供する学習者向けの支援を担う組織の皆様に深謝します。

付記

　本章は、岩﨑千晶（2022）コロナ禍の高等教育におけるオンライン学習支援．グローバル・コミュニケーション研究，11：掲載確定（編集中）の一部を修正し、加筆したものである。

第 2 部

大学におけるオンライン授業のデザイン

第5章　オンライン授業による教養教育の展開

文学部　中澤務

> **科目**：哲学を学ぶ
> **科目区分**：共通教養科目（自己形成科目群）、講義形式、1〜2年生向け
> **履修者数**：春学期約 260 名、秋学期約 520 名
> **キーワード**：教養教育、講義科目、多人数授業
> **授業方法**：オンデマンド型のオンライン授業
> **科目紹介**：「哲学を学ぶ」は、関西大学の共通教養科目の6つの科目群のうち、「自己形成科目群」に属する科目です。複数の学部の初年次生を主な対象とし、哲学という学問の全体像を総合的に学び、教養を深めることを目的としています。

1　授業目標・授業の特色

　「哲学を学ぶ」は全学の学生を対象とした共通教養科目のひとつであり、1〜2年生を対象に、様々な学問の基礎を学んでもらうための「自己形成科目群」に属しています。本科目は、そのなかでも「人間を知る」という人文系の科目領域に属し、哲学という学問の全体像を総合的に学ぶことを目的としています。

　このような科目の性質上、授業の目的も、自己と他者、言葉と認識、世界と存在、人生と社会など、哲学におけるもっとも基本的で重要な問題を網羅的に概観し、哲学の幅広い基礎知識を得ることが中心となります。そのために、本科目では、到達目標として、哲学の主要な問題について基礎知識を持

ち、主要な考え方を理解できるようにするとともに、哲学の問題を自分で考える力を身につけることを掲げています。

　本科目は基礎的な教養を身につけることを目的とした多人数授業です。そのため、受動的な座学となりがちであり、アクティブラーニングを展開することは容易ではありません。しかし、学習効果を高めるための工夫は行っており、それが本科目の特色といえます。

　工夫のひとつは、反転授業の要素をできるだけ取り入れて、学習効果を高める工夫です。そのために予習用のテキスト（中澤務『哲学を学ぶ』、晃洋書房）を活用して授業を展開しています。テキストは 15 章構成で、各章では 3 つのセクションを設けて、具体的な問題を多様な観点から解説しています。このテキストを使って、毎回の授業の前に基本的な学習内容を予習してもらい、授業では予習した基礎的内容を発展させていく応用的な内容を展開しています。

　もうひとつの工夫は、LMS の活用です。毎回、LMS を使い、授業開始前に予習のテストと、授業後に復習のテストを、オンラインで実施しています。さらに、資料の掲載のほか、質問やディスカッションができる環境を整えています。

2　授業内容・授業方法

2. 1　従来の授業内容・方法を変更した点

　従来の授業では、以下の 3 つのステップで授業を展開していました。

①テキストの該当章を自習し、LMS によるテストで学習効果を確認する
②授業で基礎的知識の再確認と、発展的内容の学習を行う
③授業終了後に LMS によるテストを受け、学習内容を復習する

　オンライン授業を設計するにあたっては、なるべく従来の授業の形態を崩さないようにし、対面授業と同等の質を維持することを目標としました。さ

らに、オンライン授業独自のメリットをうまく活用し、対面での授業以上の学習効果を得る可能性も模索することにしました。

　検討の結果、リアルタイムの授業よりも、オンデマンド型の授業を行うほうが学習効果が上がると判断し、後者の方式を採用することにしました。オンデマンド型のほうがよいと判断した理由は、本科目のような学問の基礎的知識を与える講義科目の場合、必要に応じて授業の内容を繰り返し学習できるようにしたほうが高い効果を得られると考えたところにあります。

　そのため、従来の授業スタイルは崩さずに、②の授業の部分についてだけ動画配信によるものに変更し、授業の受講期間を 1 週間としました。この新しい受講方法では、受講者は、1 週間の間に、①テキストの自習とテスト、②講義動画の視聴、③テストと復習、を行うことになります。

2. 2　工夫した点

(1)　授業実施方法についての事前説明

　通常の対面授業では、授業の受講方法について、第 1・2 回の授業において詳しい説明をし、その後も、授業の場で適宜注意を与えています。オンライン授業の場合、この点が不十分になりますので、受講者に混乱や誤解が生じないように、LMS 上に授業の概要と受講方法をめぐる資料と動画を作成し、授業開始前から確認できるようにしました。

(2)　講義動画の工夫

　どのような講義動画を作成するかについては試行錯誤でしたが、最終的には、画面にはパワーポイントのスライド画面を映し出し、それに対する説明を録音した音声を流す形式を、集中して学習しやすいものとして採用しました。動画は、テキストの各セクションにあわせて、それぞれ 20 分前後に編集し、受講しやすくしました。

(3)　質問・議論のための会議室の設置

　オンライン授業では、対面授業のような授業時における質問等のコミュニケーションが取りづらくなります。そのため、質問やディスカッションを促すために、LMS 上に専用のページを作成し、受講者の利用を図りました。

3　評価方法

　本科目では、成績評価は、毎回の授業の前後に実施するテストの成績をもとに行っています。これによって、受講者の予習への取り組みと、授業内容の理解度が評価できると考えているからです。テストの内容としては、予習テストでは、テキストの理解を確認するための穴埋め問題、選択問題、マッチング問題などを出題し、復習テストでは、講義の内容の理解を確認するための選択問題を 6 〜 7 問程度出題しています。

　オンライン授業においても、この評価方針は変えずに、LMS でのテストの成績をもとにして成績評価を行いました。この点については、対面授業とまったく同等の評価をすることができたと考えています。

4　教育者からみた授業の効果・課題

　本科目では、対面授業と同等の質を維持しつつ、オンライン授業のメリットが活せる部分を効果的に利用して、学習効果の向上を図ることを目標に授業を展開しました。

　まず、受講者の授業参加意欲については、対面型授業の場合に比べて、ほとんど変化は見られませんでした。本科目のような多人数授業の場合、途中から学習意欲を失う学生が一定数見られ、それは毎回のテストの受験結果に表れてきます。2019 年度春学期（対面授業）と 2020 年度春学期（オンライン授業）の結果を比較すると、受講を途中で放棄した学生の割合は、2019 年度が約 8.7 ％に対して、2020 年度は約 7.9 ％であり、オンライン授業のほうがやや低い結果となっています。オンライン授業は必ずしも学習意欲の低下をもたらすものではなく、むしろ、継続的な受講がしやすい形態なのかもしれません。

　また、成績についても、すべてのテストを合計した得点率は、2019 年度が約 75.5 ％であったのに対して、2020 年度は約 85.8 ％と、明確な向上がみられました。テストの内容は適宜変更を加えており、まったく同一ではあ

りませんが、オンライン授業のほうが成績が向上したと考えてよいように思われます。

　さらに、これを授業前の予習テストと授業後の復習テストの得点率で比較すると、予習テストでは、2019 年度は約 84.3 ％に対して 2020 年度は約 87 ％とあまり大きな向上はありませんが、復習テストでは 2019 年度の約 69.6 ％に対して、2020 年度は約 85.2 ％と大きく向上していることがわかりました。

　向上の理由は、復習テストを受ける際に、わからないところがあれば、講義動画を再度視聴して確認したからだと考えることができます。これは、対面授業の時よりも効果的な復習がなされていることを意味するように思われます。

　他方、対面授業では可能であった受講者への問いかけや、授業中・授業後の質問を受けられないことは、オンデマンド型授業の欠点といえます。そのような事態を予想して、LMS 上に掲示板を作成し、質問や議論の場にしようとしましたが、活発なやり取りはできませんでした。受講生は、メールによって質問を寄せることが多く、LMS での公開された発言や議論はあまり好まないという印象を受けましたが、LMS 上での議論を活性化させることができれば、オンライン授業の効果はさらに向上するのではないかと思います。

5　これからの教育に対する展望

　本科目は、多人数授業のため、2020 年度春学期に続き、秋学期も同様にオンライン授業を展開しています。ほぼすべての授業がオンラインで実施された春学期に対して、秋学期は対面授業とオンライン授業が混在して実施されていますが、今後もこのような状態が続くと予想されます。

　秋学期の問題としては、受講者の大幅な増加が挙げられます。春学期の受講者が約 260 名であったのに対して、秋学期の受講者は約 520 名と、ほぼ倍になっています。これは、対面授業との混在のなかで、本科目のようなオンライン授業が、学生にとって履修しやすい授業になった結果と考えることが

できます。今後も同様の状況が続けば、オンライン授業の受講者はさらに増加していくと予想されます。履修者数を制限する必要がなくなり、学生の不満の解消につながることは、大きなメリットといえますが、他方で、成績評価の負担増加や、受講時の質問やトラブルへの対応など、様々な問題が発生することも予想されます。今後も、オンラインによる多人数授業のあり方を、さらに改善していく必要があるのではないかと思います。

　筆者としては、オンライン授業の様々な可能性が見えてきたことにより、ポスト・コロナの大学教育においても、オンライン授業の重要性は低下するどころか、さらに増していくと予想しています。本科目のような基礎的な教養教育においても、オンライン授業には高い効果があることがわかりました。オンライン授業はまだ発展段階にありますので、今後も積極的な展開を図り、その教育の質を向上させていくことが重要であると考えます。

第6章　異文化コミュニケーション

総合情報学部　久保田真弓

科目：異文化コミュニケーション
科目区分：メディア情報系科目群、展開科目、1年生向け
履修者数：163名
キーワード：文化、コミュニケーション、理論、モデル、価値観
授業方法：オンデマンド型授業
科目紹介：コミュニケーション・モデル、文化、アイデンティティ、言語コミュニケーション、非言語コミュニケーション、パワー、価値観、偏見、メディアなどのキーワードを用いて文化背景の異なる人間同士のコミュニケーションについて考える科目です。

1　授業概要と目的

　本講義は、メディア情報系科目群の展開科目として主に1年生向けに開講されている科目です。教科書『異文化コミュニケーション論　グローバル・マインドとローカル・アフェクト』を使用して、グローバリゼーションの時代に求められるグローバル・マインドとローカル・アフェクトについて学びます。文化背景の異なる人同士のコミュニケーションを一般的に異文化コミュニケーションと呼びますが、その知見を活かして言語・非言語コミュニケーション、文化、アイデンティティ、パワー、メディアなどのキーワードを用いて人間のコミュニケーションについて考えます。ここで扱う文化は、国民文化のような固定的なものではなく他者とのコミュニケーションによっ

て流動的に構築されるものを指します。

　そこで、授業の特色として、あたりまえのように日々行っているコミュニケーションについて具体的な事例を挙げ、さまざまなコミュニケーション・モデルや理論からそのメカニズムについて考察するところにあります。したがって、時には、授業中に偶発的に生起する教員と学生のコミュニケーションをも事例として取り上げることもあり、学生には、積極的な参加を求めています。また、教科書を使用しているため、予習を促し、授業では、概念理解が深まるような授業を心がけています。

　まとめると本授業の到達目標は、①　異文化コミュニケーションの基礎知識を修得すること、②　異文化コミュニケーションの現象について、専門用語を使用して説明できるようになること、の 2 点になります。

2　授業内容・授業方法

2. 1　従来の授業内容と方法

　授業は講義形式だけで終わるのではなく、参加型を重視していくつかの工夫をしています。1 つ目は、授業中、学生に意見を聞いたり、授業で学習した内容に関する課題を出し、コミュニケーションカードに書かせて提出させたりします。その際に、周りの人と相談してもよいことにしています。回収したカードは、出欠記録にすると同時に、次回の授業までに目を通し、次回の授業で補助教材として解説します。

　2 つ目は、確認クイズです。まず、事前に教科書の指定された箇所を予習するよう指示します。そして、授業の始めに確認クイズをし、即回答を述べ、各自で採点させ回収します。

　3 つ目は、グループワークです。1 つは、体育館で一緒に体を動かすことで、言語と非言語コミュニケーションの関係を体感してもらいます。もう 1 つは、iPad で言語と非言語コミュニケーションの要素をおさえた会話の動画をグループで作成するというものです。

　4 つ目は、レポートです。学んだことを踏まえて日常のコミュニケーショ

ンから1つの観点に関してデータを収集し、考察してもらいます。与えた選
択肢は次の3つです。① 自分の家やアルバイト先などの部屋をまず考えて
ください。次に部屋や家具、テレビなどの配置図を書き、それらがそこの住
人のコミュニケーションにどのように影響を与えているのかを考察しなさ
い。② 時間がない、時間が足りないと昨今は、時間に追われる生活を強い
られている感じがします。そこで、一日、時計や携帯電話を持たない日を過
ごし、自分の生活感覚と時間との関係を考察しなさい。③自分の話し方につ
いて考えてみたことはありますか。そこで、友達との会話などを相手の了解
を得て録音または録画し、それを書き起こし、具体的な会話から言語と非言
語の関係などわかることを考察しなさい。どれも2500字くらいでまとめる
ように指示しています。

　授業では、スライドと適宜プリントを配付して説明しており、15週目に
教科書持ち込みで最終テストをします。
　そして、これらの授業運営では、TAとLAに支援をお願いしています。

2. 2　2020 年度の授業内容と変更点

　2020年度は、対面ではなくオンデマンド授業となったため2回入れてい
たグループワークはできなくなりました。これが大きなシラバス上の変更点
です。
　オンデマンド授業では、通常の講義内容をスライドで説明し、Zoomで録
画、それをYouTubeにアップし、みてもらうという形式です。映像は、1
本15分ぐらいにまとめ、1回の授業で2、3本用意します。その際に通常は
別途配付する資料もなるべくスライドに盛り込み説明します。それと同時に
使用した資料は、すべて関大LMSにアップします。こうすることにより、
すぐに資料を印刷して、手元に置けなくても授業の内容は理解できるように
配慮しました。
　関大LMSには、毎週、講義映像一覧、学んだことを書き込む掲示板、使
用したスライドと資料、確認クイズ、質問コーナーを設け、アクセスログな

どを見ながら、進めます。履修にあたって注意すべき点は、関大 LMS の左側タイムラインにメモを適宜掲示します。資料はすべて関大 LMS にまとめ、学生への指示を明確に的確なタイミングで出すことにより、学生が履修にあたって極力混乱しないように意識して対応します。

　学生には、オンデマンド授業とはいえ、授業に参加してみんなで学んでいる感覚をつけてもらうために、いくつかの工夫もあります。

　ひとつは、Mentimeter というアプリを使用し、「男、アメリカ、女、フィリピン」の単語を聞いて頭に浮かんだイメージを 3 つ記入してもらい、その結果をもとに「ジェンダー」について動画で説明するというものです。

　もう 1 つは、ホフステッドの価値志向についてアンケート調査をし、その結果をグラフにして提示することで、学生全員の価値志向を可視化します。このように全員の回答結果を可視化し授業の材料にします。

　さらに、学生は、毎週、講義映像視聴後、学んだことを掲示板に 2 つ書き、コメント担当の学生は、それらを読み、さらにコメントを書くという仕組みにしました。コメント担当の学生は、学籍番号順で毎週約 20 名があたり、担当者は、3 人に返信を書く必要があります。

　このような授業のルールをスライド 10 枚にまとめ、学生にわかるように

表 6-1　1 週間のスケジュール　（オンデマンド型授業）

曜日	スケジュール内容
水	（授業日）関大 LMS に講義映像、資料、前回授業の確認クイズ、掲示板、**終了済み確認クイズ回答**、質問コーナーを UP
木	学生が課題に取り組む期間
金	
土	
日	**23：59 掲示板記入と確認クイズへの回答　締め切り**
月 火	映像で使用したスライドを UP、確認クイズの回答の資料 UP。**指定された 20 名の学生が他の学生 3 名分の意見にコメントを返す。** 教員、TA、LA は随時関大 LMS 上の動向をチェック

補足：太字は、学生が行わなければならない課題です。

学期始めに提示し、徹底します。学生からみると表6-1のようなスケジュールになります。

　表6-1のように期限を決めて学生に講義映像視聴、掲示板記入、クイズへの回答、コメント担当の学生は掲示板で返信、という課題を毎週与え、極力履修のリズムができるように配慮します。その一方で、入国できなかった留学生やネット環境が思わしくなかった学生も散見されたので、表6-1のように1週間単位で自由に時間を決めて履修できるようにします。クイズは5日間（水曜日から日曜日）で2回挑戦できますが、制限時間は15分です。それでも問題が発生した場合は、学生からメールが届くので随時対応しました。またクイズの回答は正答率とともに次の授業日にアップします。

　レポート課題は、例年通りの（前述）問題で出しました。これまでは、学生が各自印刷したものを指定した受付期間中に大学に提出し、事務職員が学籍番号順に並べ、提出者の一覧表とともに教員に返却するという手順でした。一方、オンデマンド授業では、学生は、ファイルで関大LMS上にアップロードするので、教員は、全学生のレポートファイルをまとめ、学内の印刷センターに依頼するという形式になります。そこでファイルの破損やアップロードがうまくいかなかった学生への対応や印刷されたレポートの確認作業が必要になります。

2.3　苦労した点・見えた点

(1) 苦労した点

　対面授業では、DVDを見せながら理論のポイントを教えることが多々あったのですが、著作権の関係上それができず苦労しました。動画ではYouTube上のものなどは可能ですが、意外と授業に見合う質のものを探すのは容易ではありません。

(2) 見えた点

　レポート課題は、2019年度と2020年度で同じ課題ですが、そこに書かれている内容はやや異なり、コロナ下の学生の生活事情が垣間見られるものとなっています。例えば、選択肢1の場合、姉妹でオンデマンド授業を受けて

いるので、離れた部屋を利用する必要があり、リビングを利用している姉は母とのコミュニケーションが増えているなどです。コロナ下でオンデマンド授業を受けたり、オンラインで就活したりしている 4 年生は、日々時間に追われてストレスを感じていましたが、選択肢 2 の課題に取り組み、心の余裕を取り戻したと述べています。とてもそれがさわやかで快晴の空のようだといい、わざわざ真っ青な空の写真まで掲載していました。よほどの解放感があったようです。

3　評価方法

　対面授業の評価では、① 課題、グループワーク、およびレポートでは、学習した事項の応用力、② 最終テストは、学習した事項に関する理解度に関しての評価という観点を決め、確認クイズ（10 ％）、授業中のグループワーク 2 回（20 ％）、レポート（30 ％）、最終テスト（40 ％）という点数の配分です。

　オンデマンド型授業では、評価の点数配分を課題（2 回）（10 ％）、掲示板書き込みと返信（10 ％）、レポート（30 ％）、確認クイズ（30 ％）、最終テスト（20 ％）と修正しました。最終テストも関大 LMS 上でするので、万が一学生のネット環境に不具合が起きても対応できるよう従来の点数配分と比較して半分にし、毎週課した確認クイズを重視しました。そして、確認クイズ・最終テストの回答時間とアクセス回数の制限をすることで、ある程度の質の担保をしたつもりです。

4　教育者からみた授業の効果・課題

　通常の授業で出した 2019 年度の成績とオンデマンド授業で実施した 2020 年度の成績を比較してみます。2019 年度では、学生数 132 人、成績の平均は、73.5 点、そのうち 60 点以上の合格者の割合は、87.87 ％です。一方、2020 年度では、最終学生数 156 人、成績の平均 77.76 点、合格者の割合は

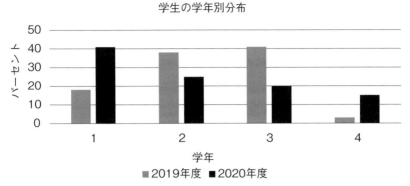

図 6 - 1　2019 年度、2020 年度　学生の学年別分布

86.16 ％です。このようにみると授業形態がオンデマンドに変わってもあまり平均点や合格率に大きな変化はなかったといえます。

　次に学生の学年分布を見てみます。2019 年度は、1 年 24 人（18.2 ％）、2 年 50 人（37.9 ％）、3 年 54 人（40.9 ％）、4 年以上 4 人（3.0 ％）です。一方 2020 年度は、1 年 64 人（41.0 ％）、2 年 40 人（25.6 ％）、3 年 31 人（19.9 ％）、4 年以上 21 人（13.5 ％）です。学生総数が違うので、学年ごとの割合で比較し、グラフにすると図 6 - 1 のようになります。

　本授業は 1 年生配当の展開科目ですが、実際は、2019 年度の結果にみるように昨今では、他科目のカリキュラム配置に関する影響もあり、1 年より 2 年 3 年の学生数が多いことがわかります。それに比べて 2020 年度は、順当に 1 年生の学生数が一番多く、2 年 3 年の順になっています。これは何を意味するのでしょうか。例年では、1 年生は入学と同時にクラブやサークルへの入部を考え、先輩など回りの学生から履修にあたっての情報収集をし、履修科目の内容だけでなく曜日や時間帯までも考慮して決めていると思われます。それらが一切なかったのが、2020 年度の学年配分です。オンデマンド型授業が功を奏した結果といってもよいかもしれません。

5 これからの教育に対する展望

これからの教育に求められることは、対面であろうとオンデマンド型授業であろうと学生に自律的に深く考える姿勢を身に付けさせることでしょう。コロナ下でオンデマンド授業にせざるを得なくなりましたが、何とか工夫して一方的ではない授業をしたいと思っています。その 1 つにオンデマンド型授業では、毎週、授業内容の講義映像を視聴してもらい、学んだことを掲示板に書いてもらっています。教員としては、授業中の全体の反応がわからないので、掲示板の記入を見て、どのような視点で各学生がビデオを見ているのかを判断する材料になります。掲示板への記入を義務付けているのでスライドに書いてあることをオウム返しのように書く学生も多いですが、講義内容を掘り下げたり疑問を持ったりすることができている学生もいます。そのような学生からの反応は、授業作りの励みになります。

しかし、2021 年度春学期の授業では 2020 年度の授業の時とは違って、事前にシラバスにオンデマンド型授業であると明記することになります。そうすると 2020 年度秋学期の経験から学生数はかなりの数に増大することが予想されます。その場合の対応は、今回の急遽オンデマンドの授業になった場合とは違ったものになるでしょう。試行錯誤は続きますが、どのように学生に深く考えさせるかは、永久の課題です。

参考文献

八島智子，久保田真弓（2012）『異文化コミュニケーション論：グローバル・マインドとローカル・アフェクト』，松柏社

謝辞

TA、LA のみなさんに深く感謝します。皆様方の支援がなければ、途中で腱鞘炎になって授業もままならなかったかもしれません。ありがとうございました。

第7章　オンライン授業による政治学の初年次教育

法学部　石橋章市朗

> **科目**：現代政治論 1
> **科目区分**：法学部専門教育科目（基幹科目）、講義形式、1 年生向け
> **履修者数**：280 名
> **キーワード**：初年次教育、政治学、公共問題、LMS、対話
> **授業方法**：オンデマンド型のオンライン授業
> **科目紹介**：この科目では政治学の基礎知識を習得するだけでなく、公共問題について学生と教員の対話の機会を設けることで、主体的に思考する能力や態度を育みます。

1　授業の目標

　法学部の 1 年生全員が受講する本科目は、① 政治現象を科学的に記述・説明するための概念や理論についての知識（知識・技能）、② それらを用いて日本政治がどうなっており、なぜそうなるのかを考える力（思考力・判断力・表現力等の能力）、③「俗説」などに振り回されることなく、自らが関心を寄せる政治現象を実証的・複眼的・体系的に捉えようとする態度（主体的な態度）を身につけることを目指しています。

　政治制度の知識の習得が求められる中学校や高校の公民科に対し、政治アクターの行動といった政治のダイナミズムが扱われる本科目は、法学部における政治学教育の出発点であり、新入生が政治のイメージを新しくする機会でもあります。その意味では、彼らに政治学を面白いと思ってもらうこと

が、この科目の究極の目標だといえます。

2　授業の方法

2. 1　オンデマンド型授業のメリット

　筆者の通常の授業スタイルはアナログそのものですので、遠隔授業への切り替えは本当にやっつけ仕事となりました。というのもこれまでは、レジュメや教科書を使って、日本政治を系統立てながら教えてきたわけですから。そのため今回、教科書の入手さえままならない新入生に、教室ではなく、オンライン上で授業をすることに不安を覚えました。

　ただこのタイプの授業と系統学習の相性がよくないというわけではないように思います。この科目では選挙制、政党制、官僚制といった要素を 1 つずつ取り上げ、それらを関連付けながら政治システム全体の理解を深めます。ですから、各テーマについて教員が順序よく解説する様子を動画に収め、それをレジュメとともにオンライン配信をすれば、学生は政治学の知識を体系的に学習できるのではないでしょうか。加えて、この授業形態には、学生が時間や場所に縛られることなく、繰り返し学習ができるというメリットもあります。

　このように考えると、先に挙げた 3 つの授業目標のうち、知識の習得については、オンデマンド型の授業であっても達成することができそうです。

2. 2　主体的な思考をどのように促すか

　むしろこの授業形態に心配があるとすれば、それは「思考力」や「主体的な態度」といった目標のほうでしょうか。なぜなら、これらの目標の達成には、学生が授業に積極的に参加することが不可欠だからです。対面授業であれば教員は、その時々の状況に応じて学生に働きかけることで、彼らをアクティブにすることもできます。ところがこのタイプの授業ではそれが難しいので、ややもすると学生は受け身になりがちです。そこでそうした懸念を払拭するために、この授業では次の 2 つの方法を採用することにしました。

1つ目はオンライン上での学生とのコミュニケーションを密にするというものです。このタイプの授業では、どうしても学生の表情が見えません。それを補うためにLMSで質問をした者に点数を与えることで授業への参加を促すとともに、彼らの声に耳を傾けながら授業の展開を考えることにしました。2つ目は公共問題を授業で取り上げるというものです。この種の問題には何らかの利害対立が含まれるものなので、政治学の授業でも扱いやすく[1]、また何より学生も問題の当事者なのですから、主体的な思考を促しやすいと考えました。

2.3　授業のプロセス

次に実際の授業の進め方について紹介します。「政治とは何か」と題した1、2回目の授業では、政府が緊急事態宣言を発出した直後であったこともあり、新型コロナウイルスの感染拡大を扱うことで学生の興味を高めようとしました。

①事例の紹介

授業では新型コロナウイルスの感染拡大に対する各国政府の取り組みを紹介しました。日本では、政府が市民に外出の自粛を要請しましたが、外国では、政府が買い出しや通院などを除いて外出を原則禁止し、違反者には罰則を科すことがあることや国によっては感染拡大がうまく抑えられているとの指摘があることを伝えました。

②理論的な説明

共同で生活を行えば、人はお互いに影響し合うものです。授業では、そこで発生する問題の1つとして「コモンズの悲劇」を取り上げました。理論を解説した後で、各国政府は権力や権威を用いて外出を制限し、フリーライダーの発生を抑えることで、感染拡大を防ぎ、医療サービスの供給体制の維持を図ろうとすると説明しました[2]。

③考えを深めるためのヒント

それにもかかわらず国によって政府の対策やその効果に違いがあるとすれば、それはどのような要因によるものなのでしょうか。対面授業であれば学

生に質問して、考えてもらうところですが、オンデマンド授業ではそれができません。そこで、民主的な政治体制では、有権者に選挙で選ばれた代表者が、政府に公共問題の解決を委任するとだけ説明することにしました。こうした理論に従えば、各国政府の対応やパフォーマンスは、政治学的な要因によっても説明できるはずです。ただ、そこまではあえて言及せず、学生たちの気づきを待つことにしました。

④ミニッツペーパー

授業の最後に、授業の要旨と質問を書いてもらい、ミニッツペーパーとして LMS に投稿してもらいました[3]。その狙いは、いま述べたように新型コロナウイルスの感染拡大と政治との関係に注目させるためです。しかしながら、外出制限にせよ休業補償にせよ、日本政府の対応が諸外国と比べて緩やかであるのはなぜかという質問は多かったものの、政治学的な関心に沿った質問はあまりみられませんでした。

⑤ 2 回目の授業に向けて

学生からの質問を注意深く読むと、テレビや SNS などをつうじて得られた情報をそのまま引いている者が少なくないことに気づきました。いいかえると、現実の政治システムに照らして何かを考える者は、そう多くはなかったということです。そこで次の授業では、政治とは社会に対する希少な資源や価値の権威的な配分であることを伝え、人々の要求が公共政策へと変換される政治プロセスを俯瞰できるモデルを解説することにしました。こうした「政治の地図」があれば、学生は政府の対策と政治の関係を推し量るようになると考えたからです。

以上のように、今回の授業では、概念や理論の解説だけで終わらないように、各回のテーマに即して、なるべく公共問題を授業に取り入れ、学生とのコミュニケーションを図ることで、主体的に思考する能力や態度が身に付くように工夫をしました。

2.4　質問から対話へ

　学生からの質問には、可能な限り 1 つ 1 つコメントをつけて返却するとともに、本人の了解を得てその内容を授業や LMS の掲示板で紹介しました[4]。その効果でしょうか、学んだ知識を積極的に活用しようとする学生が、少しずつ増えていく感触を得ることができました。例えば、首相や首長のリーダーシップ、官僚制の規模や能力、中央と地方の関係が、政府の対応や政策のパフォーマンスと深く関係していると認識した上での質問が増えていったのです。さらには、自らの意見を披露する者も現れ、それが対話へと展開することもありました。

3　評価方法

　当初この授業では、定期試験によって評価をする予定でしたが、遠隔授業に変更されたことで、ミニッツペーパーとレポートで評価することにしました。ミニッツペーパーでは、授業内容の要旨や疑問点を書いていれば点数を与え、レポートでは、ミニッツペーパーで教員に寄せた質問について自分自身の見解を示し、それについて論じさせ、その内容に応じて点数を与えました。この方法だと、知識を用いて主体的に考える力や態度を評価しやすく、またレポートが特定の内容や見解に収斂しにくいというメリットも感じられました。

4　教育者からみた授業の効果・課題

　今回の授業の経験から、オンデマンド型の授業に可能性を感じることができました。工夫の仕方によっては、学生をアクティブにし、授業目標に近づけることは、このタイプの授業でも可能ではないでしょうか。少なくとも、政治学の知識を用いて公共問題にアプローチできるという気づきは、学生に与えられたように思います。そのための鍵となったのは、評価の方法ではないかと考えています。専門的な知識を用いて問題を見つけ、主体的に考える

過程や思考の結果が評価されることを学生に認識させることに成功したということです。特に授業の中に教員から学生へのフィードバックのプロセスを埋め込んだことがよかったように思います。

　とはいえ、この方法にはやはり教員の負担が大きいという欠点があります。今回は強い気持ちで学生とのやり取りを緊密に行いましたが、普段であれば体力的にも時間的にも厳しいものがあります。またそれは学生にとっても同じことでしょう。これを解決するには、LMS 上で学生同士がミニッツペーパーを評価し合う、ピアレビューのような仕組みが有効かもしれません。これには新たな気づきを誘発する機会となることも期待されます。

　少なくとも今回の経験は、これまでの授業のやり方を見直すきっかけとなりました。特に授業で扱う素材の選択や学生とのコミュニケーションの取り方に関する経験は、これからの対面授業でも活かせるように感じています。

5　これからの教育に対する展望

　本書はリスク社会と大学生の学びがテーマとなっています。これに関して政治学に期待されることは、学生の政治リテラシーを高めることではないでしょうか（クリック 2011:87-106）[5]。新型コロナウィルスの感染拡大によって、これまでの社会や経済のあり方が反省されるとともに、これらを変革しようとする動きが高まっています。問題の性質上、その舞台は代議政治ではなく「サブ政治」となることも予想されます（ベック 1998）。その場合、私たちの政治的判断力が、これからの日常生活や政治のあり方を少しずつ変えていくかもしれません。もしそうであるならば、特に政治学の初年次教育には、政治リテラシーを備え、そうした議論に主体的に加わり、さまざまなノイズを見極めながら、変化の可能性を追求できるような能力とマインドを持つ学生を育てることが期待されているように思います。

注

1)　クリック（2003:13）によれば、政治学とは、「社会全体に影響をあたえるような

　　利害と価値をめぐって生じる紛争についての研究であり、また、どうすればこの紛
　　争を調停することができるかについての研究」であるとされます。
2)　ここでは支配や権力といった政治学の概念についての定義は示さず、大まかなイ
　　メージを描かせることを優先しました。
3)　授業への積極的な参加を促すために、しばらくの間は、質問の内容に関係なく点
　　数を与え、またインターネットの接続状況といった学習環境の多様性を考慮し、未
　　提出であっても減点にはしませんでした。
4)　多くの新入生は横のつながりを欠いたまま、学生生活をスタートさせています。
　　議論をクラス全体に広がるようにしたのは、自分のそれとは異なる見解に触れる機
　　会があったほうがよいと考えたためです。
5)　実践的な取り組みとして石橋（2014）を参照。

参考文献

バーナード・クリック（2003）（添谷育志・金田耕一訳）『現代政治学入門』, 講談社
バーナード・クリック（2011）（関口正司監訳）『シティズンシップ教育論―政治哲学
　　と市民』,（サピエンティア 20）, 法政大学出版局
石橋章市朗（2014）「政治学教育をつうじた市民教育の実践」岩﨑千晶編著『大学生
　　の学びを育む学習環境のデザイン―新しいパラダイムが拓くアクティブ・ラーニ
　　ングへの挑戦―』, 関西大学出版部, pp.155-172
ウルリヒ・ベック（1998）（東廉・伊藤美登里訳）『危険社会―新しい近代への道』
　　（叢書・ウニベルシタス 609）, 法政大学出版局

第8章　キャラクターの会話で学ぶ「ビジネス心理学」

社会学部　池内裕美

> **科目**：ビジネス心理学
> **科目区分**：社会学部専門科目（選択）、講義形式、2年生以上向け
> **履修者数**：411名
> **キーワード**：専門教育、フィードバック、キャラクター、会話形式
> **授業方法**：資料配付型のオンライン授業（オンデマンドも一部併用）
> **科目紹介**：ビジネス心理学は、社会学部（心理学専攻）の専門科目であり、販売／購買場面における人間行動について、心理学的視点からアプローチする、応用かつ実践的な講義科目です。具体的には、「売り手の心理」と「買い手の心理」に大別され、前半では事例を基にマーケティングに関する基礎的な知識の習得を目指し、後半ではそうした企業の施策に影響される消費者の心理について、関連する実証研究を基に学んでいきます。

1　授業目標・授業の特色

　「ビジネス心理学」は、企業のマーケティング活動（販売活動）とそれに伴う消費者心理（購買行動）に焦点を当て、両者の基礎的な研究のつながりを理解することを目指した心理学専攻の専門科目です。そして、講義をとおして得た知識を日頃の自分自身の購買行動や、実際の消費現象に当てはめて分析できるようになることを目標としています。

　こうした授業目標から、本科目では「具体的・実践的であること」を重んじ、次の2点を特色としています。①最新の事例も含めて企業のマーケティ

ング戦略を数多く取り上げている点、②心理学の領域でなされた実証研究を詳細に紹介している点。特に②の実証研究の手続きについては、実際に学生自身が調査や実験を行う際に参考となるよう、かなり詳しく説明しています。具体的な事例や調査・実験例があることで、抽象的な理論の理解を助けているといえます。

2　授業内容・授業方法

2. 1　従来の授業内容・方法を変更した点

　本科目は、通常「投影用の資料（スライド）」をスクリーンに提示し、学生はあらかじめ LMS で配付された資料（Word にて作成）の穴を埋めていくといった形式で進めていきます。対面授業時は、社会学部の学舎でもっとも大きい教室「ソシオ AV 大ホール」（約 500 名収容）で実施しています。ホールゆえ、壇上での講義になり受講生との物理的な距離はどうしても遠くなります。そうした距離感を埋めるために、毎回「ミニッツペーパー」に授業の感想や質問を書いてもらい、次回の冒頭 10 分間ほどを使ってフィードバックを行うといったコミュニケーションを心がけています。つまり、① PowerPoint の投影用資料、② Word の配付資料（穴埋め形式）、③ミニッツペーパーの 3 つが本科目の三種の神器といえます。

　オンライン授業での実施が決まった時に、一番悩んだのが「どのように資料を提示するか」という問題です。いくつか方法はありますが、まずは"不安を取り除くこと"、"Wi-Fi 環境が不安定でも 400 名が確実に受講できる方法を取ること"が最優先されるべき課題であると考えました。そして考え抜いた結果、対面授業に劣らない臨場感ある「資料配付型のオンライン授業」に挑戦することにしました。

　そのほかの変更点としては、定期試験の代わりに毎回小テストを実施した点、ミニッツペーパーの代わりに LMS を用いてコメントを収集した点などが挙げられます。また、2 週目以降は別途「前回のコメント紹介」と称したフィードバック用の資料と授業のポイントを 5 分程度の動画にした「Short

Video」も作成しました。

　以上を整理すると、コロナ下では次の 5 種類の資料を、毎週木曜日の朝 8 時に LMS にて公開するといった方法に変更しました。① PowerPoint の投影用資料（公開期間：1 週間）、② Word の配付資料（穴埋め形式：従来と大きな変更なし、授業期間中公開）、③ PowerPoint のフィードバック用資料（公開期間：1 週間）、④小テストと感想（公開期間：3 日間）。⑤ Short Video（公開期間：1 週間）。

2. 2　工夫した点

(1) 受講仲間としてのキャラクターの設定とフィードバックの実施

　オンライン授業における「学生たちの不安の根底は何か」を考えた際、やはり一番は " 身近に受講仲間がいないこと " だといえます。対面授業ならば周囲の反応を見たり、友だちと意見を交わしたりしながら受講でき、それらを通して自分の理解度を確認できるのですが、そのような機会が一切ないのはさすがに不安なことと思います。そこで、この " 仲間 " を作るために、本科目では次の 2 つの方法を取りました。①キャラクターの設定（フリー素材サイト「いらすとや」を使用）、②フィードバックの実施（受講生のコメントを紹介しながら前回の内容を補足）。

　ここでは、特に①について詳しく説明します。本科目のスライドには、授業をナビゲートしてくれる「ふワンだ君」というイヌのキャラクターが登場します。彼の役割は " 学生 " であり、学生目線で授業内容に驚いたり、素朴な疑問を持ったりします。時には、学生の気持ちを代弁するかのように「難しい」「わからない」と泣きべそをかくこともあるし、居眠りもします。それに対し、教師役も必要だろうと考え、ネコのキャラクターを設定しましたが、ネコの方は、名前も性別も職業さえも定かではありません。実は、このネコの正体が不明というのも、最後まで興味を持って取り組んでもらう仕掛けの 1 つです。彼らに関する詳細は、表 8-1 にまとめました。

　本科目は、まず冒頭のクイズや問いかけで受講生の関心を喚起し、その後は始終この " お調子者のふワンだ君 " と " しっかり者だけどミステリアスな

表 8-1　主なキャラクターのプロフィール

キャラクター	特徴・プロフィール
	・名前：ふワンだ（♂）　　※「不安だ、ワン！」という口癖からなぜか本科目を受講している勉強はあまり得意ではないが、時々鋭い質問をする ・性格：極めて穏やかでのんびり屋、お調子者でも難しい話になると時々パニックになって泣き出す ・趣味：オンライン・ショッピングとお散歩（子どもの頃は嫌いだった） ・好きな食べ物：いなば Wan ちゅ〜る ・将来の夢：おまわりさん ・憧れの犬：お散歩仲間のリーダーのラッシー君
	・名前：不明　　※何度か明かされそうになるが今のところ不明のまま本科目の先生役　　でも実際は職業不明先生からコメントを預かってきて受講生に届けることもある ・性格：いつも冷静で沈着でもふワンだ君が泣き出すとアタフタして大慌てでなだめる その他のプロフィールは一切明かされていない

①各回の扉のスライド　②オープニングトーク 2〜4枚程度　③章扉のスライド　④トピックスに関するスライド 40〜50枚程度　⑤アドバイスのスライド 1〜2枚程度

⑥教科書からの抜粋スライド 3〜5枚程度　⑦エンディングトーク 1〜2枚程度　⑧関連する文献の紹介　⑨関連する動画の紹介　⑩小テストのキーワード

図 8-1　典型的な資料スタイル（授業のルーティン）

ネコ”のコミカルな掛け合いで展開されます。長時間の受講になる時は、彼らの休憩シーンを入れることで、受講生にも息抜きをすることを促しまし

た。そのほか、初回から最終授業まで一貫して同じ資料スタイルを崩さないことも心がけました。実際に用いたスライドを基に概説すると、図8−1のようになります。

(2) パペットによる「受講ポイント」の動画

　配付資料のみだと、当然のごとく受講生から「物足りない」という意見が出てくることも考えられます。よって、各回のポイントを5分程度の動画（Short Video）にまとめ、「ダニエル」というパンダのパペットにナビゲートしてもらいました。彼は、毎回その時の本編（投影用資料）で取り上げる商品、たとえば『キットカット』や『いろはす』などを持って登場するのが特徴です。動画では、その商品を中心に、本編のどこに注目して受講するべきかを簡単に説明しています。

(3) スライドの徹底した作り込みと引用文献や動画との紐づけ

　上記2点は、スライドや動画の見せ方に関する工夫を取り上げましたが、3点目としては授業内容自体に関する工夫を紹介します。対面時は、授業の進行にあたってその場の雰囲気に助けられていた部分も大きかったのですが、オンライン授業では一切雰囲気に頼ることが出来なくなりました。特に、前半部分（売り手の心理）は教科書を採用していないため、受講生は、投影用資料に記載された情報だけで授業内容を理解する必要があります。換言すれば、資料の説明が不十分だと理解ができないということです。よって、資料の完成度を確認するために、一通りできあがった時点で、必ず第三者（まったく前知識のない家族）に読んでもらうようにしました。そして、理解が難しいなどの指摘があると、その部分にネコのセリフとして補足説明を加えるといった作業を入念に行いました。

　そのほか、スライド内で度々質問を投げかけたり心理尺度に回答してもらったりして参加意識を高め、資料内で紹介した文献や動画はすべてスライド内にリンクを貼り、自習や発展学習につなげるように促しました。こうした補足資料の紐づけは、オンライン授業ならではのメリットだといえます。

3　評価方法

　対面授業時は、定期試験の成績と授業への参加態度を基に、最終的な評価としています。しかし、コロナ下では定期試験の実施が難しくなったため、毎回の小テストの成績と授業への参加度による評価に変更しました。

　その際、小テストだけでも得点が分散するように、毎回の問題の難易度をかなり高めに設定しました。問題は択一式で5問あり、その中には資料内に答えがなく、授業内容を深く理解していなければ解けないような問題も含まれています。例えば本科目の試験の特徴としては、用意された選択肢の中に「正解なし」という選択肢がある点が挙げられます。下記は問題の一例です。

例題：
ふワンだ君が「先週、スポーツジムの会員になったワン。元を取るために今週2回も通ったワン」と張り切っています。さて、このふワンだ君の心理を説明するのに最も適した理論は？
選択肢：　※「並べ替え」を適用、前の問題には「戻れない」形式
　・ピグマリオン効果
　・プライミング効果
　・フレーミング効果
　・正解なし

　上記の質問の正解は「サンクコスト効果」なので、「正解なし」となります。その反対に「不適切なものを選べ」という質問形式の時は、「該当なし（全部正しい）」といった選択肢を設置しました。下記がその一例です。

例題：
「衝動購買に影響を及ぼす個人的要因」に関する記述として不適切なものは次のどれ？
選択肢：　※「並べ替え」を適用、前の問題には「戻れない」形式
　・ネガティブ感情よりもポジティブ感情の時の方が衝動購買を生じやすい
　・男性よりも女性の方が衝動購買を生じやすい
　・空腹状態にある時の方がそうでない時よりもお金を使いやすい
　・該当なし（全部正しい）

　このように、単に資料の該当箇所を見れば答えが書いてある様な問題では

なく、1 つ 1 つのトピックスを正しく理解しておかなければ解けないように
なっています。つまり、理解力と応用力が試される問題といえます。ただ
し、学生のモチベーションを高めるために、5 問に 1 問程度は上記のように
ふワンだ君を登場させ、状況が絵面で想像でき、楽しみながら解けるような
配慮も行いました。こうした工夫が功を奏したこともあり、当初は得点の分
布をもとに平均点を調整する予定でしたが、素点だけで例年どおりの成績分
布になりました。

4　教育者からみた授業の効果・課題

　効果に関しては、学期末に実施された「授業評価アンケート」（2020 年度
春学期）の結果を適宜引用しながら検討します。

　本科目の難易度については、約 29 ％の学生が「難しい」「やや難しい」と
捉えていますが、その一方で 98.5 ％の学生が「意義のあるものだった」「あ
る程度意義のあるものだった」と肯定的に評価しています。こうした結果か
ら判断すると、オンラインはかなり効果的だったといえます。

　具体的な効果としては、まず自ら資料を読むことで能動的、主体的に授業
に取り組む姿勢が生まれ、理解が深まった点が挙げられます。これは、
98.5 ％の学生がこの授業に「意欲的に取り組んだ」「ある程度意欲的に取り
組んだ」と回答している点や、「書いてあることを丁寧に理解することがい
かに大切かを、この授業で思い知らされた」などの自由記述回答からも窺え
ます。また、キャラクターを用いることで、意図したとおり「資料提示型の
授業でも実際に講義を受けているようだった」「独りで受けなければいけな
い遠隔授業を楽しいものにしてくれた」といった効果が認められました。以
上より、対面授業に劣らない臨場感ある授業の実施という挑戦は、達成でき
たと思われます。

　しかし、当然課題もあります。もっとも大きな課題は、配付資料のみで完
璧に説明することを意図した結果、どうしても資料の枚数が膨大になってし
まうという点です。平均すると 1 回の投影用資料は 59.1 枚（$SD = 14.8$）、

フィードバック用の資料は 12.7 枚（$SD=2.9$）にものぼっており、作成時間にすると 30 時間を超える回もありました。実際、学生からも「資料が多かった」「密度に圧倒された」といった声が届いています。今後は説明過剰の状況を打破し、いかに情報の取捨選択を行うかが重要な課題の 1 つといえます。

5　これからの教育に対する展望

　現在のところ、関西大学では 2020 年秋学期以降は原則対面授業をすることになっていますが、250 名以上の授業はオンデマンド型が推奨されています。しかし、工夫次第では、「配付資料のみ」でも対面授業以上の効果と評価が得られる可能性のあることがわかりました。教育学は門外漢なので大それたことはいえませんが、もし今後オンライン授業が常態化するならば、担当教員は必ずしも他の科目と足並み揃えることにこだわらず、自身の個性や強み、さらには科目の特性を最大限に活かすような教授法で臨めばよいのではないでしょうか。その際、多少の遊び心や冒険心のある方が、閉塞的なオンライン授業を活性化するものと思われます。実は本科目においても、随所に心理学の法則やマーケティングの手法を用いて、受講自体が楽しくなるように仕掛けています。

　ただし、どのような方法を取るにせよ「想像力」を働かせることが不可欠だと考えます。ここでいう想像力とは、実際に学生が受講している場面を想像することを意味します。オンラインという環境において、学生はいかなる制約があるのか、また、この資料を見て独りでどこまで理解できそうかなどを想像することで、自ずと授業内容は学生に寄り添うものになると思われます。オンライン授業における正解は、まだ誰にもわかりません。しかし、その正解を受講生と共に導き出そうという姿勢を持つこと、そのために学生の声に耳を傾け、学生の目線に立つことで、物理的には遠くても心理的な距離は近づくものと考えます。

第9章　初年次専門科目におけるオンライン講義「入門心理学」

社会学部　脇田貴文

> **科目**：入門心理学
> **科目区分**：初年次導入科目、1年生向け
> **履修者数**：1クラス120名×2クラス
> **キーワード**：心理学入門、初年次専門科目
> **授業方法**：リアルタイム型のオンライン授業
> **科目紹介**：入門心理学は、社会学部心理学専攻1年生がこれから学ぶ心理学の導入科目として設定され、前期1コマ、後期1コマの計2コマで、2年次以降の専門科目で学ぶための基礎的な心理学の事項を学ぶ科目として設定されている必修科目である。

1　授業目標・授業の特色

　入門心理学では、心理学的な考え方やものの見方をするための基礎的な力を養うために心理学の基本的なテーマを取り扱っています。特に、人間のさまざまな行動・態度・考え方が形成・維持・変容する過程について理解することを目的とし、具体的には教育・学習心理学を中心に、発達心理学、認知心理学の主要なトピックを概説する内容となっています。

　心理学は、大学以前には学ぶことが少ない一方で、メディアや一般向けの雑誌や書籍でも扱われることが多々あります。そのため、各自が心理学を学ぶという意識は持っているものの、具体的にそれがどのような学問であるかを必ずしもイメージできているわけではありません。そこで、この科目で

は、はじめに心理学的なものの見方がどのようなものかを知り、今後の学習の基礎を築くことを念頭に授業を行っています。誤解を恐れずにいえば、「心理学の楽しさを知る」、最低限「心理学を嫌いにならない」を目標としています。

2　授業内容・授業方法

2.1　従来の授業内容・方法を変更した点

　従来の対面授業では、パワーポイントによるスライド、配付資料を基に授業を行っています。また、3回に1度程度、ミニッツペーパーにその授業で考えたこと、授業では扱わなかった別の具体例、感想などを記述し、提出してもらっています。

　心理学専攻の1年次配当科目には、この入門心理学以外に、各クラス25名程度のリサーチスキルなどを身につける初年次科目、もう1科目は心理学専攻の専任教員がオムニバス形式で、自身の研究内容を話すことで心理学の拡がりを伝えようという目的の授業があります。いずれの授業でも心理学を扱いますが、1年生にとっては「心理学の基礎を体系的に学ぶ」必修の専門科目であり、成績評価も定期試験で実施するため、ある意味で、学習に対するプレッシャーも存在する科目です。

　そのため、授業時間外に分からない所を確認し合うだけでなく、友達との雑談の中でも、授業内容に関連する事を話すなど、受講生同士のコミュニケーションが発生する科目であるともいえます。また、同じ専攻の中にどのような学生がいるか、心理学専攻の雰囲気に触れる役割を持つ授業でもあります。

　さて、コロナ下では Zoom を用いたリアルタイム型のオンライン授業を行いました。入学直後から不安定な状況に置かれた1年生であることを考え、こちらも初めての取り組みでしたが、4月20日から授業を行いました。少し脱線しますが、LMS に残っている、4月17日に配信した受講生へのメッセージを書きます。

「4月20日のリンクです。とりあえず8時半から開けていますが、私が話し始めるのは9時からです。また、初回は実験的な意味合いもあるので、気楽に受けてください。前日までに資料をアップロードする予定です。おそらく色々トラブルが起きることが想定されます。その際はLMSで連絡をします。みなさんからの連絡もLMSのメッセージを使ってください。LMSが落ちた場合は…諦めましょう…その場合もみなさんに不利や不公平が生じないようにしますので、慌てないでください。よろしくお願いします。ちなみに、心理学専攻の入門心理学と他専攻の人が受講できる入門心理学は別物なのでSNS（Twitterなど）上の情報には注意してください。」

　この時点で、Zoomも初めて、授業も初めての学生が必要以上に不安にならないよう私なりに柔らかく発信をしました。

　初回は、Zoomによる授業を行いましたが、その時点でいくつか問題を感じたため、翌週からウェビナー形式に切り替えました。初回に感じた問題点は、まずはビデオカメラで顔を映すかどうかです。通常のZoomの場合、ビデオをオンにすれば、他の受講生にも自分の顔が映ります。そのため、ビデオをオンにするかオフにするかを任せたところほぼすべての学生がビデオをオフにしました。やはりプライバシーということを考えると、またどのような学生がいるかが分からない状態でビデオをオンにするのはハードルが高いということでしょう。

　ウェビナーは、話者が一方的に授業を配信します。リアルタイムなので、質問事項などはチャットで送信してもらい、適宜解説を加えて授業を進行しました。

2. 2　工夫した点
(1) 資料提示に関して

　Zoomを用いましたが、私のデスクは次のようになっていました。まず、Mac miniでZoomに接続し、スライドの提示はiPad Proを用いて行いました（図9-1参照）。

　iPad Proでは、提示資料はKeynoteを用いて提示しました。これまで、

図 9-1　オンライン授業時のデスク

PowerPoint を用いていましたが、その場合、レーザポインタが使用できないため、Keynote に移行しました。そして、iPad Pro を用いた理由の最大の理由は板書をするためです。Apple Pencil を用いて、Keynote のスライド上にメモをとることで、かなり板書に近い状況を実現することができました。また、書きたい内容が多い場合は、アプリである Goodnote 5 を使用しました。いずれも視認性は高く、この点において、板書よりも良い状態で授業ができました。

(2) 授業をする自分のために

　授業をする側にとって、対面と Zoom による授業の大きな違いは、目の前に学生がいるかどうかです。意識的、無意識的に学生の表情を見て、興味を持ってくれていると感じればその内容は厚めに、あまり反応が良くなければ薄めにするという調整を行っています。授業をする側にとって、学生の反応という情報がなくなることは想像以上のデメリットでした。

　ここに、Zoom ではなく、ウェビナーにした理由があります。やはり学生の反応が見たい、これを実現するために上記の図の Mac book の方では、Google Meet の画面を表示しました。学生に呼びかけて、顔出しをしても良い学生さんを募り、その学生さんには Zoom と Google Meet の両方を起動してもらいます。すると次のような環境を構築できます。

　学生側：Zoom（ウェビナー）　Zoom の画面、音声を聞く

　　　　　Google Meet　ビデオはオンにして、音声はオフにする。

教員側：Zoom（ウェビナー）　画面、音声の発信
　　　　Google Meet　マイク、ビデオをオフ

　こうすることで教員側には学生の表情が見えることになります。もちろん学生さんには、通信量・通信料が気にならないこと・顔出ししても良いこと・ノートパソコンで授業に参加できること・成績には一切影響がないことを説明して募集をしました。結果として、5、6 名の学生さんが承諾をしてくれたため、この学生さんの表情を見ながら授業をしました。

　理解できたかを確認する場合も、ウェビナーで全員に語りかけているわけですが、実際には Google Meet で顔を見せてくれている学生さんが頷いたら次に進むという形で進めました。この方法を用いたことで、共有画面の切り替えを忘れた場合、何かしらトラブルが起こった際も、学生さんの反応からすぐに分かるという副産物もありました。実際、他の授業「心理学統計法」などでも同様の形を使いましたが、私にとっては現在のところ最もスムーズな授業ができる方法になっています。

(3) 学生とのコミュニケーション

　基本的にチャットによるコミュニケーションになります。毎回ではありませんでしたが、授業内容に関して、例えば「自分が条件付けられていると感じること」を書いてくださいと指示して、チャットに流れてきたコメントを読み上げながら、しばらくの間、他の人の意見や解説を聞く時間を作りました。

　できる限りはしたつもりですが、この点に関しては対面授業に遠く及ばなかった点であると思います。

3　評価方法

　従来の評価方法は、定期試験を行っていました。定期試験が実施できないため、レポートにしました。課題内容は、「課題 1 ＆ 2　授業で扱った次の中からテーマを 2 つ選び、そのテーマが日常生活やこれまでの体験・経験などとどのように関連するかまとめてください。必ず自身の経験や体験をもと

に述べてください。また、それがどのような点で、どのように関連するかを踏まえて書いてください。課題 3　授業で考えたこと（1/2 ページ以内）。合計 3 〜 6 ページ」としました。

　7 月になると、様々な学生調査の結果を目にすることが増え、「課題が増えたが、フィードバックがない」という不満が多いことが分かってきました。そのため、提出されたレポートに関しては、全員に対してそれぞれコメントを返却しました。

4　教育者からみた授業の効果・課題

　心理学専攻では、1 年生の入門科目を経て、2 年生から本格的な心理学の学びが始まります。オンライン講義になったことによって、学生の心理学の知識がこれまでに比べて定着したのか、変わらないのか、それとも定着しなかったのかは、これから始まる 2 年生以降に分かることになります。しかし、少なくとも感想や最終レポート課題を見る限り、これまでと同様の教育効果が達成できているのではないかと予想します。

　課題としては、授業以外も含めて、学生同士のコミュニケーションをどのように活性化させるか、これに尽きると思います。

5　これからの教育に対する展望

　今回、不可抗力とはいえこのような状況で授業を行うことになり、教員はもちろん学生にとっても非常に負担が大きい状態だったと思います。オンライン授業のデメリットは、学生同士、学生と教員のコミュニケーションが極端に少なくなったこと、学生にとっては周りの学生の様子が分からないので、孤独を感じたことでしょう。学生と教員のコミュニケーションに関しては、教員側の努力で改善できる可能性があります。一方、学生同士のコミュニケーションに関しては、プライバシーの問題、セキュリティの問題もあるため困難かもしれません。

　一方で、新しいツールを使用できるようになったことで、板書が見やすくなる、資料提示が容易になるなど、メリットも大きいように思いました。それ以外に関しては、それほど変わらないというのが実感です。しかし、それは、Zoom と Google Meet を併用したリアルタイム型で授業ができたからに他なりません。オンデマンド型の場合、どのように頑張っても授業途中で学生の反応を見ながら話すということができません。

　解決策としては、リアルタイムで授業を行う。そして、その時間に視聴できない学生に関しては、その録画をオンデマンドで配信するという方法が最も合理的ではないかと思います。

　新型コロナ感染症が拡がってからも、様々なインターネットサービスや方法が提案され、開発されています。これからも様々な方法・サービスが提案されていくでしょう。それらを取り入れながら、試行錯誤をしながら教育を進めるというスタンスが必要になるように感じています。

追記

　2021 年 9 月には、Zoom でフォーカスモードが実装されたため Google Meet との併用の必要はなくなりました。

第10章　カリキュラム切り替えによる同一科目
複数授業形態からの移行

システム理工学部　倉田純一

科目：機械力学1
（2018年度からカリキュラム変更のため、同一科目名で異なる受講生）
科目区分：専門科目（必修科目）、授業、2年生向け
　　　　　　（旧カリキュラムでは週2コマで演習を含む）
履修者数：現カリキュラム　71名
　　　　　　旧カリキュラム　8名（現カリキュラムも履修）
キーワード：リアルタイム、オンデマンド、個別指導
授業方法：現カリキュラム（オンデマンド型オンライン授業）
　　　　　　旧カリキュラム（リアルタイム型オンライン授業）
科目紹介：カリキュラム改編のため、2017年度入学生までは各力学科目は週2コマ4単位科目、2018年度以降入学生は週1コマ2単位科目になっていて、2017年度以前入学生の未修得学生は、現カリキュラムの授業と他の曜限に設けられた1コマを受講しなければなりません。また、現カリキュラムと旧カリキュラムでは、授業で網羅すべき範囲が異なっています。

1　授業目標・概要

　機械力学1は、機械工学科の重点である科目4力学（機械力学、材料力学、熱力学、流体力学）の一つであり、以前からカリキュラムの中心を占めています。そのため、十分な学習時間を確保するため、2017年度入学生までは各力学科目は週2コマ4単位科目として、演習を含み幅広い範囲を集中

的に学習する授業形態にしていました。2018 年度に、各学年での学習負荷を平滑にする目的でカリキュラム変更を行い、4 力学科目は他の専門科目と同様週 1 コマ 2 単位科目に変更されました。必修科目であるため、200 名超の受講生を 3 クラスに分割し、それぞれに異なる教員が担当しています。2017 年度以前入学生の未履修者も 10 名程度おり、本年度は 8 名の履修でした。授業が中心となりますが、学科でも重要な位置を占めている科目ですので、演習や小テストなど担当教員によって工夫しながら「使える知識」の修得を目指しています。旧カリキュラムでは、1 セメスターに 2 科目ずつ各力学 1 の授業があり、各科目で課される演習課題や他の実技科目のレポート等の負荷が高いのではないかという指摘にこたえて科目内容を見直しました。しかし、旧カリキュラムの未修得者が残っており、また、学習歴が異なるために現カリキュラムの範囲を超えた旧カリキュラムの範囲が初修の学生もおり、8 名の受講生の状況は様々でした。そのため、旧カリキュラムの未修得者に関しては、現カリキュラム受講生と同じ曜限では現役受講生と同じ授業内容とし、もう一コマは個別指導としました。

2　授業内容・授業方法

　2019 年度までも前節で述べた状況には変化がなく、現カリキュラム受講生は板書を中心とし、数回の演習問題をレポート形式で提出させ、旧カリキュラム受講生だけの授業では現カリキュラム以外の範囲を要約して板書を中心に口述し、できるだけ多くの演習時間を設けて個別に質問にこたえる授業方法としていました。従来、板書を中心としていた理由は、以前に資料配付や資料提示を利用した授業方法をしていましたが、配付資料のみに頼った受講生もおり、授業時間に理解しようとしない受講生もいましたので、板書の中に演習問題を含めて、ノートを取りながら演習も行い、教室を巡回することで学生からの質問をリアルタイムに受け付け、多くの学生がつまずいている箇所については全体的な説明を加えるという形態にするには、板書が最適であると判断しているからです。

　対面授業が行えなくなった春学期の授業方法を検討した結果、現カリキュラム分はオンデマンド型、旧カリキュラム分はリアルタイム型のオンライン授業としました。以下に、判断の理由、工夫した点や留意点を記載します。

　①リアルタイム配信ではアクセス集中が発生し通信障害の恐れが予想されたため、オンデマンド型配信としました。（情報処理関係の実習時に、受講生たちのアクセスが集中すると、通信状況が悪くなる状況を経験していたため）

　②リアルタイム配信であれば、90分の授業をこれまでと同じように行えばよいことになりますが、70名を超える学生からリアルタイムで質問を受け付けられるとは思えませんでしたので、リアルタイム配信にするメリットが感じられませんでした。（質問については、旧カリキュラム分の授業でも留意事項となりました。学生は、自分の質問内容を他の学生に知られたくないということが後に分かりました。）

　③学内のサーバーなどの状況が急遽補強されているとはいえ、サイズの大きい動画を置いてアクセスが集中するとアクセス不可となる心配がありましたので、オンデマンド配信の動画は学外の動画配信サイトに置き、ダウンロードができないような設定をし、更に、特定のサイトからしかアクセスできないように設定しました。動画内容の改竄がされないようにという配慮です。

　④従来の板書内容をパワーポイントに整理して提示用資料を作成し、Zoom のパーソナルミーティングの画面共有で提示し、その静止画に口述を付けて録画をしました。Zoom の録画による動画ファイルのサイズは、90分の授業内容で平均 140MB 程度と比較的小さく、動画視聴時の負担が少なくなると判断しました。

　⑤資料を配付しなかったのは、オンデマンド配信のために何回でも必要に応じて見直すことができ、オンデマンド配信画面のスクリーンショットを撮れば必要箇所の記録を残すことができるからです。教科書と配信動画に加えて配付資料を参考にさせるには、配付資料の印刷を学生に強いることになり、学生の受講環境によって差が出ることを避けるために、必要最小限の教材として、配信動画と教科書の組み合わせとしました。

⑥オンデマンド配信動画を視聴したかどうかは、海外にある学外の動画サイトを使用したため確認ができませんので、各回に対応した小テストを関大 LMS 上に置き、その提出をもって視聴確認としました。問いの内容は、数式展開を含む内容とせず、各講義でのキーワードに対して口述内容を含むように誘導した設問、あるいは、教科書の補足として口述説明をした内容を答えさせるようにした設問とし、視聴した事実を確認できるようにしました。

⑦小テストの出題形式は、「携帯電話だけでも対応できるような」内容とするため、開始当初は選択肢式や記述式にして、紙ベースの過程が必要にならないように配慮しました。その後、演習問題を解いたものをレポートとして提出させる場合には、PDF ファイルが望ましいとしながらも、jpg 形式の写真による提出も受け付けました。

⑧旧カリキュラム分のリアルタイム型授業は Zoom を利用して行い、ビデオはオフにして板書代わりにホワイトボード機能や提出されたファイルに書き込むなどして解説しました。その後、質問の有無を尋ね、それにこたえるように授業を進めました。

⑨授業計画は、従来と大差がないようにしましたが、板書内容を整理したものを提示するため、板書の時間が不要となり、従来と比較して時間的余裕

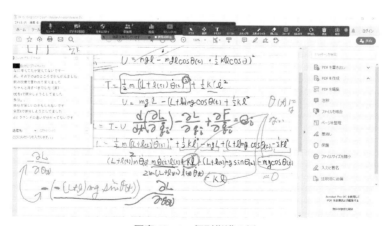

写真 10-1　個別指導の例
（提出された PDF ファイルに、Zoom のコメント機能を利用）

が出たので、各時間の最後にまとめを入れるなどして時間を調整しました。

⑩配信用動画の撮影後、毎回見直して大きな雑音や聞きづらいところを修正する編集作業を行うと、平均して7時間程度を費やす必要がありました。

⑪関大LMSを通じた質問があり個々に返答していましたが、受講生全体に説明する必要があると判断した場合には、配信講義中に説明を加えるなど対応しました。

⑫旧カリキュラム分のオンライン授業では、個々の質問を受け付けていましたが、マイクが無く音声を発することができない学生や、マイクがあるけれども他の学生に聞かれるのが嫌なため、個々の学生から質問がプライベートチャット（写真10-1参照）で送られてくるのには閉口しました。ホワイトボード機能で説明しながら、チャットをチェックして返答をしながら、LMSで届いた演習の解答をチェックすることが必要で、個別指導にはかなり手間がかかりました。

3　評価方法

　従来の評価方法に比べ、動画配信を用いた授業、特にオンデマンド配信の場合には、学生が視聴したかどうかを出席と同様に考えることになるため、授業毎に簡単な設問を設けざるを得ず、結果的に学生に従来にない負荷をかけることになりました。従来であれば、学生の理解が足りているかどうかは対面の雰囲気や応答の仕方によってリアルタイムで把握でき、必要に応じて説明を加えるなどができましたが、オンライン授業では受講者の「息」が伝わってこないため、アンケートやレポート、あるいは質問メールなどによって遅れて状況を把握することになり、対応が後手に回ってしまいます。そのため、セメスター終了間際になるときめ細かな理解度把握が望まれる一方、他の科目でも同様の状況があり学生の負担が急増することになるため、解答可能な時期を前倒しするなどして時間的余裕も設けたうえで評価に加えました。従来は参照不可の条件での筆記試験が評価の中心となっていましたが、参照不可の状況を公平に維持することができないので、リアルタイムの試験

を課すことなく、アンケートや提出されたレポートの内容で評価しました。

4　教育者からみた授業の効果・課題

　「板書派」の立場からオンデマンド型配信を行って気付いたことは、関大
LMS で寄せられた質問中に、「何度も見返しましたが…」という文言がいく
つもあったことです。つまり、従来の授業では、90 分が過ぎればその授業
内容を見返すことができなかったわけですが、オンデマンド型であれば、何
度も復習ができることになり、理解を深めることができる利点がありまし
た。これは、リアルタイム型配信では録画を許可すれば可能ですが、セキュ
リティなどを考えると、実施は難しいと考えています。その意味で、「何度
も見返すことができること」は受講生にとって、オンデマンド配信最大メ
リットといえます。また、秋学期の実技科目においても説明用の動画をオン
デマンド配信するようにしたところ、反転授業の効果があり、従来の作業内
容に関する質問は減り、実験内容に関する質問が増して、学生の思考が作業
から理解へと移行したことが推察できました。理工系学部では、実技科目で
は実験前に詳細な説明を行いますが、それらをオンライン配信に変更するこ
とも学習効果を上げる一手段と考えることができます。しかし、安全面を考
えると、全てをオンライン配信にしてしまうことにも不安が残るため、実技
科目については対面による注意喚起の時間が一定量必要と考えます。

　オンライン授業への移行で避けられない問題は、評価についてだと考えま
す。オンラインでの試験については、現在もどのような手法が公平であるの
かの判断ができかねています。受講に関して配慮を認めた学生が対面試験を
受験しない場合、特に、オンラインでの試験を受験する場合に、他の受講生
との公平性が懸念されます。

　公平・公正な評価方法の確立が、オンライン授業での最大の課題であると
考えます。オンライン授業の形態は色々と考えられますが、試験方法につい
ては選択肢が少なく、理工系の「使える知識」としての科目について、「使
える状態にあるか否か」の判断方法には検討の余地が大いにあると言わざる

を得ません。

5　これからの教育に対する展望

　秋学期配当のコンピュータ実習と実験科目以外の講義科目について、大学院科目や再履修のクラスなど受講生数が少ない科目についてはリアルタイム型、受講生が多い科目についてはオンデマンド型の授業方法としました。実技科目は対面で行わざるを得ず、その状況は、学生が熱心になればなるほど密にならざるを得ない状況ですので（写真 10－2 参照）、講義科目は感染リスクを避けるためオンデマンド型配信としました。また、実技科目の事前説明についても同様の実施形態としたことで、反転授業のような効果があることも分かり、常時、オンライン講義との併用が望ましいと考えます。理工系学部では各自の授業方法について見直すことが少なかったため、今回の経験は試行として大きな意義があったと感じます。

写真 10－2　実技科目の実施風景

第11章　人間健康論（ユーモア学・プログラム）

人間健康学部　森田亜矢子

> **科目**：人間健康論（ユーモア学・プログラム）
> **科目区分**：基礎科目（必修）
> **履修者数**：347名（1年次生328名、上位年次生19名）
> **キーワード**：自己調整学習、学習モチベーション、学習時間、学習科学
> **授業方法**：オンデマンド型配信講義
> **科目紹介**：人間健康論は人間健康学部の学部名称を冠した基礎科目です。本科目はオムニバス形式の講義科目であり、講義を担当するのは学部が擁する各コースとプログラムを代表する3名の教員です。3名の教員は、人間の健康に関連する諸問題を異なるアプローチで取り上げて論じます。1年次生は、これからの健康のあり方を広い視野で捉え、自ら課題を探究しながら実践的に学ぶ態度を身につけます。

1　科目の概要と授業デザイン

　本科目は必修科目かつ初年次配当の春学期開講科目であるため、人間健康学部に入学した学生はまず本科目を履修します。本科目は専門領域が異なる3名の教員が授業を担当するオムニバス形式の講義科目です。学生は各教員から5回ずつ授業を受けて、全15回の受講を完了します。

　2020年度の本科目の授業は13回行われ、筆者は第10回から第13回までを担当しました。講義動画の公開期間を通常より拡張して、講義1回につき公開から4日間とし、公開期間中であればいつでも課題を提出できることにしました。動画配信と課題回収にはLMSを用いました。本稿では、2020年

度の人間健康論で筆者が担当した全 4 回の授業について、非同期型オンライン授業の形式にあわせた工夫と成果、および今後の課題を述べます。

2　オンライン授業実施にあたっての工夫：学習過程の心理的サポート

　オンライン授業の実施にあたって危惧したことは、動画配信という一方通行の授業形態やデバイス操作の煩雑さのために学生のモチベーションが損なわれることです。そこで、2 つの工夫を行いました。1 つめは学習過程の心理的サポート、2 つめは専門的な学びに向けた動機づけのサポートです。

2.1　学習過程の心理的サポート

　学習過程を心理的に支える方略として、スモールステップの技法を取り入れました。スモールステップとは、中間目標を活用して学習を無理なく効果的に行う技術であり学習心理学の知見に基づき開発された技法です。その典型は、目標達成までの道のりを幾つかに分割して中途目標を掲げ、最終目標に向けて一歩一歩成長する過程を整える方法です。この技法を応用し、この授業では、① 1 回の講義動画を 2 ～ 3 本に分割し、課題も動画の数に応じて分割し、課題を 1 つ終えたら自由に休憩が取れるよう設定、② 1 つの講義動画の長さを 10 ～ 25 分程度に収め、1 つの課題に関する文字数の下限を 100 ～ 300 字程度、上限を 500 ～ 1000 字程度とコンパクトに設定、③講義視聴

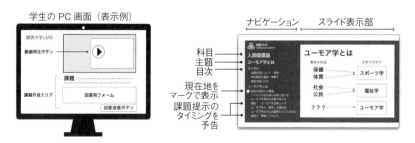

図 11-1　講義を視聴する学生のパソコンに表示される画面構成（左）と
　　　　　講義スライドのデザイン（右）

と課題作成を 1 つの画面で行えるよう設定し（図 11－1 左参照）、学習過程に必要なデバイス操作の量を減らしました。課題を分割して小規模のレポートを課す方式にしたことで、難度を抑えた課題設定が容易になり、身近な題材をテーマに考える課題と専門知識を要する課題とを織り交ぜて提示することが可能になりました。スモールステップの方略を取り入れ、単位取得までの過程を小刻みにすることで、学生にとって眼前の目標が見えやすくなり、するべきことが明確にわかり、達成までの心理的負荷が軽減されて集中力が持続する効果を期待しました。

2. 2　専門的な学びに向けた動機づけのサポート

　人間健康学部のカリキュラムにおける本科目の役割は、1 年次生を大学での専門的な学びへと方向づけることです。これを達成するためには、1 年次生が自己を大学生として自覚することが不可欠です。そこで、この授業では、専門的な学びに向けて学生を動機づけることを重視しました。この授業の主題であるユーモアは、ともすれば研究の対象になり得ない娯楽の一種とみなされやすいものです。そうした誤解は、学術的な学びの姿勢を阻害します。そこで、健康に関わる領域を専門に学ぶ立場としてユーモアを理解する意義を受講生に伝え、学問の主題としてユーモアを捉える作業の共有を試みました。一例として、「笑いは健康にいいって本当ですか」という問いが学問的には無効であることを科学的見地から概説し、有効な問いに作り替える課題を提示しました。「学問とは、学び問うこと」であるという前提に立ち、すでにある答えを覚える学び方ではなく、答えを探るために問う学び方を示すことがねらいです。周囲の声や雑音に惑わされにくいオンデマンド配信授業の利点を生かし、学問の本質と関わる創造的な課題をじっくり考える作業を通して、身近な題材から専門的な学びへの接続の促進を試みました。

　オンライン授業には、学生が自分のペースで学習できる利点があり、授業中にじっくり考えて解く課題を提示することが可能です。そこで、1 年次生がこれからの健康のあり方を広い視野でとらえ、自ら課題を探究しながら実践的に学ぶ態度を身につけるよう導く本科目のねらいをふまえ、学生が課題

を自分に引きつけて考えられるように〈健康に不可欠な要素を10個挙げ、自分にとっての優先順位をつける〉などの身近な題材を用いた課題を提示しました。同時に、俯瞰的な視点が失われないよう、講義スライドにナビゲーションを設定して授業全体を見通せるよう工夫しました（図11-1右参照）。

　ナビゲーション画面の配色は関西大学のスクールカラーである紫紺を基調とし、講義スライドには関西大学の校章を目立つポイントに配置したオリジナルのテンプレートを作成して用いました。こうした工夫は些細なことですが、6月になってもキャンパスに入れない1年次生が、大学に入学した実感と大学生としての展望を少しでも持てるようにと願いました。

3　学生の学習履歴から窺える学習形態の特徴と変化

　図11-2は、学生がLMSで学習を行った時間量を示します。時間量はLMSのログをもとに集計したものです。1人の学生が課題提出までに行った学習時間の合計と、ログイン1回ごとの学習時間を分けて示しています。初回授業（第10回授業）の学習傾向と翌週の授業（第11回授業）の学習傾向を比較すると、一部の履修者の間で翌週の授業の学習時間が長くなっています。この傾向は第3回授業を経て最終授業まで続きました。講義動画公開から課題に取り掛かるまでに要した日数および課題作成に要した日数は、大部分の学生が全4回の授業を通して1日以内であり、本科目における学習時間の増加は週間スケジュールを圧迫するほどではなかったと推測します。

　図11-2に示すデータだけで推測できることは多くありませんが、学習時間の合計に見られる変化は顕著です。学習時間の合計は、初回授業では「60分以上90分未満」が突出して多くなっていますが、第2回授業では目立つ山がなく、全体として平坦なグラフになっています。ひとりひとりの利用時間の分散の増加は、学生それぞれが自分のペースで学習を進める傾向が強まったことを示すと考えられます。授業の講義動画は分割されて短くなっているため、学生の1回ごとの学習時間も短くなるのが自然に思われますが、予想に反して長くなる傾向が一部に生じています。一部の学生は、動画を途

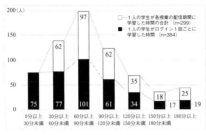
a. 第1回授業（第10週授業）の学生の学習時間

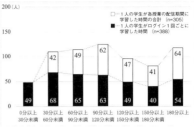
b. 第2回授業（第11週授業）の学生の学習時間

図 11-2　LMS の学習履歴にもとづいて集計した学習時間の比較

中で止めたり巻き戻して見返したりしながら時間をかけて学習したのではないかと考えます。講義動画を短く区切って課題を小刻みに提示することにより、自己の理解度を点検する機会が生まれ、再学習を行って疑問を解消してから次のステップに移る学習法がしやすくなった可能性があります。また、動画を分割して休憩を挟めるようにしたことで、「斉一的に決められた授業時間中に学ぶ」学習法から「自分で学習スケジュールを調整する」学習法への移行が促進されたと考えます。講義の視聴と課題作成を同一の画面で行える簡便さにより、課題の途中でわからなくなったら講義を見返す学習法が容易になったかもしれません。しかし、もっとも注目すべきは、1年次生の適応力の高さだと考えます。学生は、初回の授業で学んだあと、翌週から行動を変え、授業デザインに応じて自分に合った学習方法を選んだように見えます。一方で、課題作成に要した日数は全4回の授業を通して大きな変化がなく、大部分の学生が1日で課題を提出しています。多くの学生が学習リズムを乱すことなく学習スタイルを変えることに成功したことを窺わせます。

4　展望と課題

　結論を急ぐことは避けたいと思いますが、今回の試みにより、オンライン授業の特性を活かせば対面授業にひけをとらない効果的な授業展開が可能であるという手応えを得ました。学生の学習時間の長さは講義時間の長短で決まるわけではないこともわかりました。もっとも印象的だったのは、1年次

生の柔軟な適応力です。非常事態にあって十分な支援が届きにくい環境下でも、学生たちが自律的に学ぼうとしている姿がデータから見えてきました。

　もちろん、学生の授業外学習時間が増えたことを一概に喜ぶことはできません。学生に過大な負担を課していないか、他の科目とのバランスを考慮しながら検討することが必要です。効果的なカリキュラムを実現するためには科目間の有機的な連携を図ることも重要な課題であると感じます。学生ひとりひとりが持つ力を引き出し、彼らの主体的で自律的な学びを持続可能にする教育のデザインが一層求められていると感じます。

付記

　本稿は、2021 年 3 月に刊行された『関西大学高等教育研究』第 12 号に掲載の論文「考えるために学ぶ授業」の一部をまとめたものです。

第12章　オンライングループワーク

教育推進部　三浦真琴

科目：ピアサポートのためのクリティカルシンキング
科目区分：共通教養科目、演習、全学年対象
履修者数：1クラス上限48名　平均して30名前後
キーワード：サーバントリーダーシップ、ラーニングアシスタント、共同作業場（collaborative workspace）
授業方法：リアルタイム型のオンライン授業
成績評価：毎回の小レポートとグループへの貢献度などの平常点による。面接授業時と変わりがないので本文では触れない。
あらまし：その場で仲間が必要としているサポートを提供できるようになることを目指します。情報を共有するために寄り添い、他者に共感することの大切さを体験し、サポートの必要を自ら訴えることができない仲間への支援を実践できる姿勢を養います。

1　授業目標・授業の特色

　現在、共通教養科目として開講されているこの科目は、以前に開講されていた「関西大学ピア・コミュニティ入門」と「ピアサポート演習」を発展的に継承したものです。ピアサポートを実践するために必要なことをクリティカルに考える力と習慣を形成することを目標としています。授業は教師による知の転移ではなく、学習者による知の構築体験に重きを置いています。教師が「問い」を与えることは必要最低限にとどめ、学習者が自ら「問い」を発見・発掘・創出するようにしています。また、「問い」に関するリテラ

シーの育成、知を構築する体験を支援するためにラーニングアシスタント
（Learning Assistant、以後、LA と略記）をクラスに 4 人配置しています。
受講生は社会人基礎力の前提となる非認知能力、ピアサポートをクリティカ
ルに実践する力をグループという社会の中で構成していきます。

2　従来の授業内容・授業方法

　従来の対面授業（正しくは面接授業）では、他者との共同作業によって多
くを学ぶことができるようにグループワークを展開しています。受講生のほ
とんどが教授主義に汚染されていない学びやグループワークを経験していな
いので、他者を支援するという営みを概念としてではなく体験を通して知っ
てもらうことを最大限に尊重しています。そのためにセメスターの序盤では
グループワークトレーニング（GWT）を数回行います。グルーピングさえ
も GWT の機会として捉えています。グルーピングにはいくつもの方法があ
りますが（詳しくは三浦（2018）を参照）、自分が所属するグループのメン
バーではなく、自分が属さない他グループのメンバー編成を手伝うと速やか
に達成できるグルーピングを行います。自分の目標達成の楽しみを後回しに
すること（後楽）はサーバントリーダーシップに通じるものであり、ピアサ
ポートには不可欠な姿勢です。同時にグループワークを進めていくうえでも
決して忘れてはならないことです。この他にも、傾聴の意義・必要性とその
難しさ、認知差の問題、多数の選択肢をできるだけ残しておくこと、多数決
によらない合意形成、他者の立場になって考えることなど、グループワーク
をよりよいものにするために必要なことを短時間で体験できるプログラムを
複数用意しています。このねらいを知った受講生は次回の GWT を楽しみに
してくれるようになります。受講生はセメスターの序盤にこのようなトレー
ニングを積み重ねながら、ピアサポートを実践するために必要な姿勢と感性
を身に付けていきます。

　授業の目標自体はオンライン授業になっても変わりませんが、授業の方法
に関しては実施が不可能あるいは困難なものがありました。とはいえ、大切

な目標に関わるものを捨象するわけにはいきません。以下に、どうやって目標を実現するために工夫を凝らしたかについて述べていきます。

3　オンライン授業でグループワークを展開するための工夫

3. 1　グループ別にチャットルームを作成する

　当初は LMS のみを使用せざるを得ない環境だったので、バーバルコミュニケーションあってこそ成立する GWT は実施できませんでした。本来ならば GWT の体験を通じて学んでいくことを誠に遺憾ながら概念として（ただし、言葉の限りを尽くして）説明することにして、グループワークを実施することにしました。

　学部・学年・性別に偏りがないように科目担当者が作成した編成にしたがって同じグループのメンバーしか入ることのできない掲示板をグループの数だけ作成し、その中で情報交換・共有ができるようにしました。受講生には事前に時間割どおりの時間帯に参加するように伝えておきました。LMSのタイムラインへの書き込みを受講生ならびに LA の全員ができるようにして、常に質疑応答をしたり、新しい指示を出したりするようにしました。LMS にはグループでのディスカッションを経た成果が寄せられていたので、なんとかグループワークは進められていたようです。

　Zoom の包括的契約以降はブレイクアウトルームを使って面接授業に準ずるグループワークが展開できると考えていました。ところが他者の学びを支援するというメンタリティが育っていなかったためか、ほとんどのメンバーがビデオをオフにしたまま、言葉も交わさないままのグループがありました。反対に、同様にビデオをオフにしたままなのに会話が弾んでいるグループもありました。後者は執筆権限を全てのメンバーに付与した Google Docsをいわば共同作業場のように活用していました。このグループのアイデアにヒントを得て、受講生がグループワークを実感できるように共同作業場を設置することにしました。

3. 2　共同作業場の設置

　受講生をそれぞれのブレイクアウトルームに配置することは、対面が出来る状況の中でグループ別に着席することと同じでしかありません。つまり、それだけではグループワークは始動しないということです。加えて GWT を体験していないので、受講生はグループワークに必要な事柄を十分には心得ていませんでした。そこで遅ればせながらの GWT を試みることにしました。グループは既に編成してあったので、メンバー全員で情報を交換・共有しながら協力してゴールにたどり着くワークを考えました。その際、共同作業をするための「場」として、メンバー全員が執筆権限を共有する Google Slides を活用することにしました。

　不十分な環境の中で、楽しくワークを展開しているグループもあれば、ワークはおろかコミュニケーションまでもが沈滞してしまっているグループもあったので、そこから何かを学び取らなければならないという使命感に縛られない GWT をすることにしました。そのためにはゲームの要素を採り入れることが不可欠だと考えました。

　最初に採り入れたのは、メンバーが 1 から 100 までの数字が書かれたカードを引き、その数の大きさを何かに例えて他のメンバーに伝え、その中で一番小さい数字を持っていると考えた人から順番に自分のカードを開いていくというゲームです。例えば動物になぞらえる場合、一桁の数字を持っているメンバーは「自分の数字はノミ相当」、90 台後半の数字を持っているメンバーは「シロナガスクジラです」というように伝えます。互いの数字の大きさを比較するために、何度も情報を交換しては確認しながら、全員が無事全てのカードを出すことを目指すこのゲームは、かなり効果的な GWT となりました。例えるアイテムについては生きものの大きさのほかに、小学生が好きな言葉、高校生の口癖、怒りの程度、セリフのかっこよさなど、科目担当者が 20 個を作成し、その中から選んでもらうことにしました。

　この GWT で克服すべき点は、オンラインの状態で、どこから、どのように数字の書かれたカードを他のメンバーに見られずに引くか、そして自分が持っている数字が一番小さいと気づいたときに、それをどうやってコールす

るかというところにあります。それを可能にしたのが Google Slides でした。

3.3　Google Slides の新しい使い方

　まず、数字カードを作ります。リボンの中の「挿入」ボタンをクリックして「図形」の中から長方形を選びます。数字の大きさやその配置については編集する図形を左クリックしたときにリボンに現れるコマンドで操作することができます。続いて数字をマスクするための図形を作ります。マスキング用の図形を先に作成した数字カードに重ね、カードとマスキングの双方をクリックした状態（もしくは Ctrl ＋ A で選んだ状態）で、図の上にマウスを置いたまま右クリックをして「グループ化」を選びます。このようにして作成された 100 枚のカードを 2 〜 3 枚のスライドに分けてランダムに並べればゲーム場は完成です。

　1 回目のプレイでは、メンバーが 1 枚ずつカードを引いていきます（2 ラウンド目には 2 枚、3 ラウンド目には 3 枚をそれぞれ引きます）。その引き方は画面上で引きたいカードにマウスを合わせて右クリックをして「切り取り」を選び（もしくは「Ctrl ＋ x」を操作し）、そのカードを切り取ります。切り取ったカードは自分の PC の word もしくは PowerPoint に右クリック（もしくは「Ctrl ＋ v」の操作）で貼り付けると、数字だけを見ることができます。各々が数字を見ながらメンバーと数に関する情報を交換しながら、その大小を推測していき、自分の出番だと思ったら、さきほど貼り付けた数字を再度、切り取って、Google Slides 上に用意したスペースに貼り付けます。

4　受講生の感想

　オンライン授業でグループワークを展開するために施した工夫については数多くの感想が寄せられました。その中の一つを紹介します。

「ピアサポートのためのクリティカルシンキングをオンラインで受講し、こ

の授業ではオンライン上でできることを最大限に活かした内容を提供してくださったと感じます。先生は Zoom や Google Slides など、オンタイムの会話や同時に一つの材料を皆で扱えるものを使うことによって、離れていながらも他の学生と共同作業ができ、できる限り対面授業で得られる時間と近いものを提供してくださいました。カードを一枚ずつ他人に見られないように引くという場合でも、それをオンラインでできるように工夫し製作してくださったことには『オンラインでもここまでできるのか』と驚きました。最初は、この授業は対面で受けるべきだと思っていましたが、進んでいくにつれて、毎週画面越しにグループのメンバーと共同で何かを解決したりすることが楽しくなっていき、今ではオンラインでの授業に満足しています。そして、このような結果となった要因としては、先生の工夫が一番にあげられると思います。受講生の意見を聞きながら、対面授業と近いものを提供できるように工夫してくださった先生に感謝しています。」

5　グループワークを支える LA

　共同作業場を設置し、GWT を幾度か重ねた結果、オンライン授業においても面接授業時と同じようにグループワークを展開することができるようになりましたが、そこには科目担当者による創意工夫にまさる LA の貢献がありました。

　4 名の LA が 6 班のグループワークを週ごとに担当を交代して支援してくれました（残りの 2 班はサバティカルを利用した他大学からの客員研究員と科目担当者がワークを支援しました）。また日によっては、ワークの進捗状況に鑑み、授業の途中で担当するグループを移動することもありました。授業が終わると、必ず自分が担当したグループの様子を他の LA と教員に申し送りをしていました。LA はグループワークの支援をするのみならず、他のLA と教員に報告をすることで、次回の対応について必要な情報を交換・共有することができました。

6　今後の展望

　2020 年度春学期はほぼ全面的にオンライン授業が行われましたが、秋学期からは原則として面接授業となったため、春学期の間に蓄積した方法等を活用する機会がなくなってしまいました。学生の中には、オンライン授業ではできないこと、オンライン授業でしかできないことを整理したうえで、面接授業とオンライン授業のよりよいハイブリッドを考える必要を訴える者が多数います。これからはオンラインか面接かという "or" ではなく、そのどちらの長所をも取り入れた "and" を模索していく必要があると思います。

参考文献

三浦真琴（2018）『グループワーク　その達人への道』医学書院

第13章　グループプレゼンテーションを取り入れた　　初年次教育

教育推進部　岩﨑千晶

科目：スタディスキルゼミ（プレゼンテーション）
科目区分：共通教養科目（初年次導入科目）、演習、1年生向け
履修者数：1クラス24名
キーワード：アカデミックスキル、プレゼンテーション、初年次教育、ラーニングアシスタント、オンラインチュータリング
授業方法：リアルタイム型のオンライン授業
科目紹介：スタディスキルゼミは共通教養科目として、初年次生を対象に大学で求められるアカデミックスキルを育むための演習です。本科目はアカデミックスキルの中でもプレゼンテーションを重点的に取り上げており、スピーチやグループプレゼンテーションを行います。

1　授業目標・授業の特色

　共通教養科目として開講されている初年次教育「スタディスキルゼミ（プレゼンテーション）」は、学生が主体的に学ぶための学習パラダイムへの転換を目指して設置された科目です。学生は4～5名でグループをつくり（定員24名）、「社会問題などを取り上げ、調査分析をし、発表する」という課題探究を通したアカデミックスキルの育成を目標としています。特に本科目では、初年次レベルで求められるプレゼンテーションに重きを置いています。

　授業の特色のひとつは、学生の学習支援を担うため2010年度より当該科

目を履修済みの学部生を学生スタッフ（Learning Assistant：以下 LA）として 1 クラス 2 ～ 3 名配置していることが挙げられます。LA は学期開始前に教育開発支援センターによる研修（授業でのグループワークを想定したロールプレイ、学生の抱える課題や対応を話し合うファシリテーションのワークなど）を受けます。その後、授業前に教員から授業目標、学習内容や手順が提示されます。しかし、LA 活動に逐一細かな指示はなく、LA は学生の状況を見て自身の判断で活動をしています。身近な先輩である LA の活動に触れながら、初年次生はグループワークでの議論の仕方や論証的なプレゼンテーションの方法を学びます。

また授業外にライティングラボを活用していることも本授業の特色として挙げられます。ライティングラボは、学生がレポートをより良くするためにどういう表現や構成にするべきかの判断をサポートする学習支援を提供しています。

2　授業内容・授業方法

2. 1　従来の授業内容・方法を変更した点

従来の対面授業では、まず学生同士が互いを知り、安心して意見交換ができるようにバースデイチェーンなどのアイスブレイクをし、「よいプレゼンテーションに求められる要件」をグループで導き出すワークをしていました。その後、「主張、理由、根拠・具体例、再主張」の形に基づき「①大学生活を有益に過ごすために必要な力、②お薦めの映画・本、③新聞記事に対する意見」のいずれかをテーマとした個人ポスターセッションをしていました。最後はグループで「○○を良くするために」をテーマに論証型のプレゼンテーションをしていました（表 13-1 参照）。

コロナ下では Zoom を活用したリアルタイム型のオンライン授業を行いました。1・2 週目は大学が完全休講となりましたが、ライティングラボが提供していたリアルタイム型のオンライン講座「初年次教育の心構え、ノートテイキング、問いを立てる、レポートの構成」を学生に視聴させ、学んだこ

表 13-1　従来の対面授業とリアルタイム型の遠隔授業の方法

従来の対面授業	リアルタイム型のオンライン授業
（1 コマ）アイスブレイクを兼ねたグループワーク	（2 コマ）　休講のため、LMS に課題提示
（4 コマ）個人でポスターセッション、振り返りレポート提出	（4 コマ）個人で 2 分間スピーチ、振り返りレポート提出
（10 コマ）グループプレゼンテーション、振り返りレポート提出	（9 コマ）グループプレゼンテーション、振り返りレポート提出

とや考えたことを LMS の掲示板に投稿する課題を出しました。こうすることで、3 週目から Zoom や LMS を活用してすぐに授業が受けられる力をつける準備をしました。3 週目からのポスターセッションはオンライン実施が難しいと判断したため、テーマは変えずに 2 分間スピーチに変更しました。最後のグループプレゼンテーションは、Zoom のブレイクアウトルームを活用して、従来どおりグループでのプレゼンテーションをしました。この時の授業のルーティーンは、アイスブレイクや授業への質疑応答（5 分）、教員による講義（20 分）、30 分のグループワークを 2 回し、最後にグループ活動と来週までの課題確認（5 分）をしました。

　授業の目標はオンライン授業になっても変更がありません。変更があるのは教育方法と評価方法になります。今回は Zoom でのリアルタイム授業を選択したため、対面と比べそれほど大きな変更はなかったと感じています。

2. 2　工夫した点

(1)　グループワークにおける具体的な指示

　教室では隣に座っている学生にすぐに質問をできますが、オンライン授業ではそれができません。学習活動を進めるうえで不明な点がでないように、教員が学習活動に関する具体的な指示を心がけました。たとえばグループに分かれてスピーチ原稿にコメントをし合うピアレビューの際は、「相手の原稿を読み、どの部分が主張、理由、根拠・具体例、再主張なのかを確認すること」「主張と理由、理由と根拠・具体例が対応しているのかを確認するこ

と」などを伝えました。「単にコメントをし合う」ではなく、学生が具体的な活動をイメージしやすいようにしました。

(2) グループワークにおける役割分担・進捗報告・LA の配置

オンライン授業でブレイクアウトルームに分かれると、各グループの様子を把握し、きめ細やかなサポートを行うことが難しくなります。そこで、あらかじめグループワークが円滑に進むように、役割分担とグループワークの進捗報告を徹底しました。

役割分担では、毎回の授業冒頭に「司会、書記、発表係、質問・発言係」を決め、参加者名に「1 班司会：氏名」と表記することにしました。書記はグループで実施したことを LMS の掲示板に投稿し、発表係はグループで実施したことや来週までにすること（宿題）を口頭報告しました。質問・発言係は会話が止まったときに発言や質問をします。役割分担をすることで、全員がグループワークに積極的に取り組めるようにしました。

グループワークの進捗を把握し、適切な指導をするためには、LMS の進捗報告が役立ちました。LMS をみると、どのグループが順調に進んでいるのか、そうでないのかを判断できます。またグループプレゼンテーションで使う Office365 の PowerPoint を共有することで、教員が全グループの進捗を把握できるため、グループに応じた指導をする際に大変役立ちました（写

写真 13 - 1　Office365 を活用したグループプレゼンテーションの様子

真 13 - 1 参照）。

　教員は全グループのブレイクアウトルームに参加し、毎回学生と話すよう
にもしていましたが、複数グループから声がかかり、すぐにグループの指導
ができないこともありました。そんなときは LA が先にグループの質問に対
応していました。LA は全グループの様子を見守ったり、必要であれば助言
や質問をしたりすることで、活動に課題を抱えているグループへの対応をし
たり、教員にグループの様子を迅速に伝えることをしていました。LA を配
置することで、グループ全体やグループの学生の様子をより具体的に把握で
き、きめ細かいサポートへとつなげられました。

(3) ライティングラボによるオンラインチュータリングの活用

　授業では、アカデミックスキルの 1 つである書く力を育成するためにス
ピーチやプレゼンテーションの振り返りレポートを課しています。学生の書
く力は完成したレポートを読み返し、何度も修正することで育成されます。
しかし学生一人で修正点を判断することが難しいので、ライティングラボの
チューターによるオンラインチュータリングを導入し、第三者の目線からレ
ポートについて話し合う機会を取り入れています。今回はオンラインでの
チュータリングであったため、対面でのチュータリングと比べて、初対面の
チューターとのセッションでも学生が緊張せずに安心してチュータリングに
取り組んでいたという声が寄せられました。

3　評価方法

　従来の対面授業の評価対象は、発表内容・態度、資料、振り返りレポート
でした。オンラインの場合は、ポスターセッションから 2 分間スピーチに変
更したものの、教育方法に大きな変更がなかったため、従来の評価方法をほ
ぼ踏襲しました。レポートやプレゼンテーションにはルーブリックを使って
評価する方法を従来どおり採用しました（表 13 - 2 参照）。

表 13 - 2　従来の対面授業とリアルタイム型オンライン授業の評価

従来の対面授業の評価	リアルタイム型オンライン授業の評価
ポスターセッションの発表・資料 振り返りレポート	2 分間スピーチの発表 振り返りレポート
グループプレゼンの発表・資料 振り返りレポート	変更なし
ライティングラボの利用	変更なし

4　教育者からみた授業の効果・課題

　グループプレゼンテーションはどのグループもとてもよくできていました。あるグループはコロナ下でオープンキャンパスを開催できていないことに着目し、100 大学を対象にオンラインのオープンキャンパスの広報を分析し、よりよい広報の方法を発表しました。別のグループはオンラインでの自己紹介で第一印象をよくするための方法について、ライトニングや服装の色などを実際に写真撮影して調査し、発表しました。グループプレゼンテーションの出来は対面授業との差異はなく、むしろ対面授業よりもよくできていました。大学生は授業に加えて、アルバイトやサークルで忙しい毎日を送っていますが、コロナ下で外出できず、授業外学習を丁寧に行う時間が十分あったこともその要因かと考えられます。

　円滑なグループワークになるよう、教員として工夫を凝らしたつもりではありましたが、授業当初は学生との関係性も十分にできておらず、ブレイクアウトルームに参加すると、緊張して発言できない学生もおりました。学生が安心して話し合えるよう、LA とともに毎回の声掛けに配慮すると、リラックスしてグループワークに参加できる学生が増えてきました。焦らず、時間をかけて学生に配慮する姿勢を持ち続けることが大切だと感じています。

　またライティングに関するオンラインチュータリングでは、学生から「原稿を書き終えて読み返してみたとき、誰にでも書ける文章になっていることが問題点だと考えた」という質問がチューターに寄せられました。チュー

ターは「文章の根拠・具体例の部分がオリジナリティーに欠けるため、一般論と組み合わせて自分の経験談を入れるとよいのでは？」などの意見をしました。これに対し、学生からは「アドバイスをもらえたことで、オリジナリティーもありつつ説得力のある論理的な文章になりました」といった意見が寄せられ、ライティング支援の効果も示されていました。

5　これからの教育に対する展望

　今回のオンライン授業を経験して、あらためて授業目標に応じて教育方法を柔軟に選択することの重要性を感じています。各大学や学部の初年次教育の授業目標は異なるため、一概にはいえませんが「プレゼンテーションの方法やスライドの作成」や「レポートの基本的な書き方や表記表現」など知識習得に関する部分は共通のオンデマンド映像やeラーニングで学ぶ方法もよいのではないかと考えています。映像を繰り返し視聴でき、個人差の対応もしやすくなります。加えて初年次教育は複数クラス開講されていることが多いため、ある程度の共通性も確保できます。しかし、「プレゼンテーションの仕方やレポートの書き方を知ること」と、「実際にプレゼンテーションをすること、レポートを書くこと」は異なります。「プレゼンテーションやレポートを書く」といった創意工夫が求められる活動、そのプロセスを支える教員やLAと学生とのやり取り、教員からのフィードバックはやはり対面で時間をかけてすることが望ましいと考えています。今後は、初年次教育の各担当者が個別に検討することに加え、カリキュラム単位でも話し合い、複数クラスの共通性と担当教員の多様性のバランスを考えながら、授業目標に応じた教育方法の選択をし、よりよい方向性に導いていくことが必要になると考えます。

謝辞

　関西大学ライティングラボの藤田里実氏、京都橘大学多田泰紘氏に深謝します。

第14章　入門レベルの中国語教育

外国語学部　山崎直樹

> **科目**：プラスワン外国語 2a（中国語）
> **科目区分**：専門教育科目（外国語学部、1 年生対象）
> **履修者数**：17 名
> **キーワード**：構造の違いに対する気づき・考察
> **授業方法**：『Zoom ミーティング』を使用した同期型オンライン授業
> **科目紹介**：身近なことに関するコミュニケーションを行う能力の育成、中国語の基本的な構造の理解、自律的に学ぶスキルの習得を目的とする。

1　この授業について

　外国語学部で英語を専攻言語とする学生のための「第 2 外国語」科目です。この授業は「自分がよく知っている身近なことがらについて、簡単な語句を使った短いメッセージのやりとりができる」を到達目標にしています。また、この目標の達成には、中国語という言語の構造に対する基本的な理解も欠かせません。また、学習者を「自律的な学習者」にするため、「中国語を学ぶ方法」を学ぶのもこの授業の目的です。

2　オンラインで外国語の授業を実施するにあたって

2.1　全般的なポリシー

　筆者は、2020 年度春学期開始にあたり、全学教養外国語科目の中国語担

当教員宛てに下記の諸点に注意を促しました。これは、筆者がオンラインで授業を行う際に自分自身でも心がけたことなので、ここに掲出します。

① 学生とのコミュニケーションの手段を確立する。

② どんな方法で授業をするか、きちんと伝える。

③ 全員が同じスタートラインについていることを確認する。

④ ひとりひとりの参加の記録を残す。

⑤ 課題の提示〜課題の提出〜教員からのフィードバック…という基本的なサイクルを確立する。

⑥ 平常の評価だけで合否を決め、秀優良可の段階を決められるよう、毎回こまめに評価を行う。

⑦ 対面授業と同じ内容の授業をしようとは考えない。

⑧ 授業がうまくいっていないと感じたら、迷わず計画を変更する。

2. 2　タイムラインの明示

　同期型の遠隔授業なので、Zoom ミーティングを使用したほか、関大のLMS はもちろんのこと、Google フォーム、Google スプレッドシートなども使いました。そして、このような様々な道具の間を、学生がまちがいなく往来できるよう、「使用する教材と道具へのリンクを単一のタイムライン上に配列する」ウェブページを、毎週、自作しました（図 14 - 1 は、ある週の授

```
0. 質問に答えます
   0-1. 文末の助詞 " 吧 ba"
1. 発音の練習
   1-1. "4" と "10"
   1-2. " 毎天 "
2. 語順の復習
   2-1. 先週の課題の補足
   2-2. 練習問題
3. 「毎朝何時に起きますか？」
   3-1. 聞きかた／答えかた
   3-2. ゲーム

4. 〜した
   4-1. 〜した／〜しなかった
   4-2. 答えかた
   4-3. 発音の練習
   4-4. みんなのふだんの生活は？
5. 録音課題の準備
   5-1. 「私の理想の日曜日」
   5-2. 注意事項と評価基準
```

図 14 - 1　ウェブページの目次部分

業のためのウェブページの目次部分）。

　受講生は、毎週、授業が始まる時刻に、ここにアクセスします。ここで、前回の授業で出た質問に対する回答や前回の授業の補足を読んだり、復習用の練習問題に取り組んだりします。これらは、当該のページに上から順に配列されているので、それを追っていくだけです。その「Q&A、補足、復習」ブロックの最後に、「○時○分になったら、Zoom ミーティングを開始します」という指示を置いておきます。

　その後は、Zoom ミーティングを進行させつつ、授業内のすべての活動を、このタイムラインに沿って進行させます。学生は上から下にスクロールしていくだけです。モデル音声や学習用動画なども、すべてこのページからのリンクで参照できます。時間がかかる個人作業（調べ物、作文）の場合は、いったんミーティングを中断することもあります。その場合も、このページに「○時○分になったら、Zoom ミーティングを再開するので…」のような指示を書いておきます。

　学生に何らかのアウトプットをさせ、それを学生間で共有させたい場合は、あらかじめ LMS に掲示板を作っておき、そこに書き込ませます。学生は先行した書き込みを参照できますが、テストではないので、それがむしろ狙いです。なお、対面授業であれば、自信がなくてアウトプットをためらう学生には、教員が助言をして背中を押すこともできますが、オンラインではそれが難しいので、「他の学習者のアウトプットを見て、自分のアウトプットを事前に調整することにより、アウトプットの勇気を得る」という方略を使えるようにしました。いつどのタイミングで、どこの掲示板に書き込みをしてほしいかなども、すべてタイムラインに書いておきます。

　また、この授業専用の LINE OpenChat を設置し、トラブルがあった場合には即座に教員に連絡できるようにしておきました。

　この授業設計に慣れた学生は、指定の時間よりも早くアクセスして自分で勉強したり、授業終了後に復習用としても使っていたようです。

　なお、このようにプログラムされた設計では、早く課題を終えて時間を持て余す受講生も出てきます（アンケートで「進度がやや遅め」という評価を

した受講生もいました）。しかし、この設計の利点は、例えば音声の学習が苦手な学習者がいたとして、その学習者が、自分のペースで、自分がかけたいだけの時間をかけて学べることにあります。早く課題を終えられる学生が遊んでしまうことよりも、この種の課題にはゆっくり時間をかけたい学生に、できるだけ時間を与えることのほうが重要です。また、90 分の対面授業と等価になるのは、学生を 90 分、PC の前にしばりつけておくことではなく、そのような「しばりつけておく」授業を 90 分間続けたら、そうとうなストレスになることも考慮し、「遊んで／休んでいる」時間も必要と考えました。

3　評価法の転換 : 音声の習得

3. 1　音声の訓練のモデル

音声の訓練は、「モデル提示＞学習者の試行＞教員や他の学習者からのフィードバック」というサイクルを繰り返します。しかし、対面授業では、このサイクルを学習者の面前で短い時間で反復できますが、オンライン授業ではそうもいきません。また、教室であれば、他の受講生がそれぞれ何かしらの作業をしているのと並行し、1 人を相手にこのサイクルを繰り返すこともできますが、オンラインの場合、個別指導を始めると、その場にいる全員のタイムラインを占拠してしまいます。

これらの点を考慮した中国語担当教員（複数）から、「オンライン授業のほうが音声の習得に不利である。これまでと同じ基準で評価してよいのか」という質問をもらいました（ただし、やってみてわかったのですが、「オンライン授業は音声の習得に不利」とは限りません）。

さて、上記の質問に対する筆者の回答は、「評価の観点を変えてください」でした。以下で説明します。

3. 2　評価の観点の転換

音声教育は、従来は正確性（＝母語話者の発音にどれだけ近づけるか）を

重視する観点が主流でした。現在では、「わかりやすさ」を優先する観点が主流になりつつあります。これは「母語話者と同じでなくてもかまわない、どれだけ意味がわかりやすい発音ができるか」という習熟度を見るということです。しかし、どちらにせよ、「学習者が産出した音声がどれだけ目標とする状態に近いか」を評価することに変わりはありません（「目標の状態」が正確性重視か、わかりやすさ重視かという違いがあるだけです）。

　さて、音声の習得は、個人差がもっとも出やすい領域、つまり得手不得手があらわになる領域なので、最もこまめなフィードバックと教員の励ましが必要です。それなのに、フィードバックには不利なオンライン授業という環境での学習成果を、対面授業の時と同じように評価するのは、問題があります。そこで、（以前から考えていたことですが）評価の観点を次の［旧］から［新］のように変えました。

　［旧］αとβという2種の音の区別が、意味の区別に重要な役割を果たしている場合、どれだけその区別を実現できているか。
　［新］αとβという2種の音の区別が、意味の区別に重要な役割を果たしている場合、その区別が何によってできているかに、どれだけ気づいているか、そして、その区別を実現しようとどれだけ注意を払っているか、そして、それがどれだけ成功しているか。

　要するに、言語構造への気づき、その重要性の認識、そしてそれをどれだけ実現しようとしているかという態度を評価する方向に舵をきったわけです。「成功しているか」はこれまでの観点と大差ありませんが、そこにいたるまでの「気づき」と「態度」を重視した評価法になっているところが変化です。

　表14-1は、学生に配付したルーブリックです（「以下略」の部分は、実際は個別の音の例を示し、チェックリストとして使えるようにしました）。

表 14 - 1　音声のスキルを評価するルーブリック

	目標以上を達成	目標を達成	目標まであと一歩
(1) 日本語にない音	日本語にない音があることを理解し、全体を通じて、それを再現しようと意識して発音し、だいたい成功している。	日本語にない音があることを理解し、全体を通じて、それを再現しようと意識しているのがよく分かる。(以下略)	日本語にない音を再現しようという意識が見られない箇所が、いくつかある。(以下略)
(2) 紛らわしい音	紛らわしい音のペアがあることを理解し、全体を通じてそれを区別しようと意識して発音し、だいたい成功している。	紛らわしい音のペアがあることを理解し、全体を通じてそれを区別しようと意識しているのがよく分かる。(以下略)	紛らわしい音のペアを区別しようという意識が見られない箇所がいくつかある。(以下略)

3. 3　効果

　オンライン授業では、学生がすべてデジタル機器と通信環境を備えています。ということは、常にこれらの道具を学習に活用することができるわけで、これは教室での対面授業にはない大きな利点です。この環境を活用し、2.2 で述べたウェブページなども活用し、モデル音声にいつでもアクセスできるようにし、また、LMS を使って提出する課題は、学期末までは何度でも再提出できるようにしました。これらの諸件の相乗効果だと思いますが、今期の学生の音声の習熟度は、昨年度までの評価基準を用いても、昨年度までの学生より高かったように思います。

4　気づきと考察重視への転換：構造の理解と産出

4. 1　文法の知識を問う出題の問題点

　単純なドリル形式の文法の練習は、作るのも評価するのも容易です。入門レベルの中国語の試験問題を見ると、この形式の出題が大きな割合を占めています。ただし、これを成績評価に使うためには、「全員が同じ条件で解答していること」という前提が必要です。

　教室で一斉に筆記試験を行う場合は、この点に注意を払う必要はありません。しかし、オンライン授業では、学生が何を参照しているか、誰と相談しているか、教員は知る術がありません。「参照全て不可」という条件であっても、何かを見ているかもしれませんし、学生同士が連絡を取り合って相談しているかもしれませんし、機械翻訳や『Yahoo! 知恵袋』に助けを求めているかもしれません。

　問題を分けて考えましょう。1つ目の問題、「許可していない教科書や辞書やノートの参照をどう防ぐか」ですが、これは、「参照すべて可」にして、それを前提にした出題にすれば済む話です。実際、このようにした中国語科目の担当者は多くいます。なお、ここで問題にしているのは産出につながる文法の知識の習得ですが、これは外国語学習の最終目標ではありません。最終目標を（人によって立場は異なるでしょうが）、「コミュニカティブな言語使用によって何かしらの課題を解決する能力を育成する」と考えるなら、我々がふだん外国語を使って何かの課題を解決するときには、様々な補助手段を使い、周囲からの支援も得ていることに思いあたります。つまり、「何かを参照したり、何かの支援を得て言語を使い、意思疎通をする」というのは、我々のコミュニケーションのふつうの姿です。「参照条件の可否」は本質的ではない問題です。2つ目の問題、「他人の答えを写す」は、「誰がやっても同じ解答になる問題を、練習のためではなく、言語能力の評価のために使っている」ことが問題だと思います。解答が同じになりようのない課題を出せば済むことでしょう。4.2で示した課題はその1例です。

4.2　「構造」に対する意識を高める評価法への転換

4.2.1　機械翻訳を使って考えさせる課題

　知識を記憶するより、違いに気づくこと、なぜ違いが生じるのかを考えることのほうが重要だというのが、筆者の考えです。また、筆者は、「教員が解答の提出のみを要求し、その解答の正誤を判定する役目をすべて教員が担うと、自分のアウトプットの適切性を自分で検証しようとする態度が育たない」可能性があると指摘したことがあります（山崎 2015）。

　以上の考えにもとづき、筆者は、2020 年度春学期の授業では、文法の知識を問う筆記試験を成績評価の方法の一部とすることをやめ、以下のような課題を出しました。この課題は、簡単にいうと、日本語話者が機能を誤解しやすい中国語のある機能語について、それがある場合とない場合でどのように意味が変わるかを、複数種類の機械翻訳のアウトプットを使って比較し、また、自分自身のアウトプットとも比較し、どこが異なるのか、どのアウトプットが最適だと考えられるか、そしてそれはなぜかを考えさせようとするものです。以下に課題の手順と評価の基準を掲げます。

【課題】
1)「私は××が好きではない」という意味の中国語（C1）を書く。
2) C1 の文末に "了" という助詞を加え（C2）、それを自分で日本語にする（J2）。
3) 3 種類の機械翻訳に C2 を入力として与え、3 種類の J2 を得る。
4) 機械翻訳による 3 種類の J2 を相互比較する。また、自身の J2 とも比較する。そして、どこが違うかを見つける。
5) 4 種類の J2 のうちどれが最も適切かを選ばせ、そう思う根拠を述べさせる（「この助詞はどんな機能をもっているか」を直接尋ねていないことに注意）。

【評価の基準】
　初級段階の学習者は、自分のアウトプットの適切性を判断することは難しいし、また、機械翻訳には間違いもあるので、学習者自身の翻訳の正誤や、「どの翻訳が適切か」という判断については、評価の対象としない。評価の対象とするのは、「何が異なるか」「どうしてそうなるのか」に自分でどこまで気づき、洞察できたか、である。

4. 2. 2　この課題のねらい
　山崎（2015）で指摘したように、文法の知識の確認のために作文をさせる

ような課題では、学習者は自分の産出した文をそのまま教員に渡し、それを評価する役目を、教員が全面的に担います。しかし、これでは、学習者自身に「自分のアウトプットをモニターする」という自律的な学習態度が育ちません。現実には、話し手が、自分のメッセージが自分の意図を適切に表す文になっているかどうかを意識しないということは考えられません。

　生身の人間が、そのつど学習者の産出した文に何らかのフィードバックを与えてくれればいちばんよいのですが、それは非現実的です。しかし、機械翻訳は、学習者が文の中の小さな形式を変えただけでも、意味を大きく変えて翻訳することがあります。学習者が、自分の産出した文の伝える意味が適切かどうかに、今よりも少し注意を向けるようにするための手段として、機械翻訳は有効だと考えます。なお、学習者は、名詞や動詞などの実質語などに多くの注意を向け、意味が不透明な、そして母語に対応する形式のない助詞などには注意を払わない傾向があることも指摘されています。機械翻訳によって構造に対する「気づき」を促進する課題は、こうした機能語などに対して、より効果的かもしれません。

　「このような課題に対してでも、教員の知らないところで、学生同士が相談をしたりする可能性があるのではないか？」という質問をもらったことがあります。筆者は、むしろそのような相談が自発的におこなわれることを望んでいました。学習者同士の協働学習の一種だと捉えています。

　なお、受講生から提出された課題の解答は、こちらの思惑どおり、いろいろ考えを巡らせた形跡のあるもの、こちらの期待以上に深い洞察をしたもの、深く考えずにすぐに思考を打ち切ったもの、いろいろありましたが、他人の書いたものを丸写しにしたような解答はありませんでした。

5　まとめ

　今回、オンラインで入門期の外国語の授業を実施することになり、大きく変えたのは、評価の観点です。入門期の外国語の学習では、スキルを評価するとき、音声にしろ、文の産出にしろ、通常は「モデルにどれだけ近づいて

いるか」を評価します。これをやめ、「モデルとの違いに気づき、どこが違うかを考える態度」を評価する観点に変えました。

参考文献

山崎直樹（2015）自然言語解析技術の発達が外国語教育にもたらすもの. 漢字文献情報処理研究. 16: 6-16.

付記

　この文章は、著者（山崎）の「初級中国語のオンラインクラスにおける活動と評価」（『関西大学高等教育研究』12: 157-163, 2021）という報告の一部を取り出し、簡略化したものです。上述の内容について詳細をお知りになりたいかたは、こちらも参照してください。

第 15 章　英語教育

外国語学部　植木美千子

科目：英語 2a 中級（リーディング・ライティング）
科目区分：共通教養科目（初年次導入科目）、1 年生向け
履修者数：1 クラス 30 名程度
キーワード：リーディング、ライティング、個別フィードバック、評価
授業方法：リアルタイム型のオンライン授業
科目紹介：英語 2a は 1 年生配当の共通教養英語科目であり、特に基礎的な読解スキル・読解方法や英文ライティングについて取り扱うとともに、文法・語法に関する能力を養うことを授業目的としています。授業内活動を通じて、日常およびアカデミックな状況に対応できる書き言葉における英語運用の基礎力養成を目指します。

1　授業目標・授業の特色

　英語 2 は 1 年生配当の共通教養英語科目の 1 つです。共通教養外国語科目で英語を選択した学生は、入学前と 2 年進級時にプレースメントテストを受験し、そのスコアによって上級・中級・初級クラスに配属されます。1 年次に配当されている共通教養英語科目には英語 1 と 2 があり、英語 1 がリスニング・スピーキングの運用力を養成することを目的とした授業構成になっているのに対し、英語 2 はリーディング・ライティングの運用力を養成する科目として位置付けられています。また 2 年次には発展クラスとして英語 3（リスニング・スピーキング）と 4（リーディング・ライティング）が開講

されています。

　授業の特色としては、2015 年に本学の英語教育に導入された「技能統合型カリキュラム」の下、インプットとアウトプット活動を組み合わせた授業構成になっていることが挙げられます。私が担当している英語 2 を例に取ってみると、インプット活動としてリーディングを行います。それらの活動を通して、内容理解だけでなく、パラグラフ構成や表現方法などを学び、その知識を活用しながら、リーディングと関連のあるテーマを扱ったアウトプット活動であるライティングへと繋げます。このようにスキルを関連させることによって、学んだ知識の理解だけでなく、運用面での定着も図っていきます。また、授業開始時の小テストに加えて、学期途中と学期末に復習テストを行っています。これらテストの機会を活用して、学生に既習項目の復習を促し、さらには学生自身が学習項目の定着度合いを振り返り、確認できる授業構成になっています。

2　授業内容・授業方法

2. 1　従来の授業内容・方法を変更した点

　従来の対面授業の流れとしては、授業開始直後に、単語や先週の学んだ項目の復習を兼ねた小テストを行った後、ある絵を英語だけで描写し、聞き手は、話し手の英語説明を聞いて絵を再現させるタスク（picture dictation）のようなウォームアップ・アクティビティを行い学生同士の英語を使ったやり取りを活性化させます。そして、教科書を用いてリーディング活動やライティング活動を行う、というものでした。

　教養英語は共通カリキュラムであり、授業担当者自身の裁量で授業目標や評価方法を変更することができません。これらの決定は各言語担当の学務委員（外国語学部所属）が行います。オンライン授業実施にあたり、到達目標と評価方法は変更がなく、授業の運営方法（教育方法）に関しては、授業担当者に一任される形となりました。そこで筆者は、Zoom を活用したリアルタイム型のオンライン授業を選択しました。最初の 2 週間は、大学の決定に

より休講となりましたが、それでも学びを止めないために、1 週目は教員の自己紹介の動画（英語）を作成し、それを視聴し、学生が問題に解答するという課題を LMS に提示しました。2 週目には、教員の自己紹介動画を参考に、学生自身が 2 分程度の自己紹介動画を英語で作成するという課題を提示しました。提出された学生たちの自己紹介動画は、彼らの了解を得た上で、半数を Dropbox に、残り半数を OneDrive の共有ファイルに掲示し、学生が両方にアクセスしないと全員の自己紹介が見られない状況を作りました。その意図は、授業で使う主要メディア（LMS, Dropbox, OneDrive）の使い方に慣れさせることにありました。加えて、受講生がお互いのことを知り合い、クラスのラポール（信頼関係）が形成されるようにもデザインされていました。3 週目からは、Zoom を使ったリアルタイム型のオンライン授業を開始しました。

2. 2　工夫した点

(1) 授業の予告動画の作成

　オンライン授業を初めて行った 3 週目に気づいたことは、学生が教員の英語での指示があまり理解できていないこと、および多くの学生が英語の授業についていけるのか、という不安を抱えているということでした。オンライン初日、授業中の活動でも学生がどうしたらいいのかわからず、次の活動にスムーズに移行できていない様子が気になり、授業後に「今後のオンライン授業で不安なことがあれば、相談して欲しい」と学生達に伝えると、ほぼ全員がその場に残り、英語による指示に不安があることや、全部英語だとついていけるか心配（単位が取れるか心配）だということを言ってきました。考えてみると、対面授業では、教員は学生の反応を見ながら、自然と英語表現や発話のスピードを調整していますし、また学生もお互いに指示の内容を確認する機会や、周りの行動を見て自分の理解を確認できる機会に恵まれています。しかし、オンライン授業ではそのような環境下にないため、授業を円滑に進めていくためには何らかのサポートが必要だというわけです。そこで、筆者は授業の予告動画を毎週作成し、その動画を見ると学生が「今週の

授業は、どのような流れで行われるのか」ということがわかるようにしました。また、動画の中では、授業内の活動例を具体的に見せるなど、英語が苦手な学生にとっても足場かけとなるような動画を作成することに心がけました。予告動画の具体例を前述したウォームアップ・アクティビティを例にとってみると、教員が 1 人 2 役をし（時にはぬいぐるみを活用）、実際に活動をしている姿を見せつつ、相手に自分の描写している絵を見せてはいけないことや、ジェスチャーや固有名詞は言ってはいけない、など NG 行動も動画に収録しました。また話し手だけではなく、聞き手になった場合の注意事項も同様に具体的に動きながら説明しました（動画内の説明は全て英語で行っています）。予告動画は授業の 1 日前に LMS 上に公開されます。学生からは、「何度も動画を見て、大体の授業の流れを確認した上で、授業に臨むことができたので、不安が軽減された」という声が多くありました。また、特に英語の理解に懸念を持っている学生には、自分の（動画の）内容理解が正しいかどうかの確認メールを、教員に事前に送るように促しました。一方、教員は、授業直前に LMS で各学生の動画アクセスの有無や再生回数を確認し、授業中にどの学生を注意してサポートをしてあげれば良いのかを把握するよう心がけました。結果として、学生の不安感を軽減することができ、円滑な授業参加と進行につながったと感じています。

(2) ライティングへの個別フィードバック

　オンライン授業が始まった時、この環境を活かしてできる指導はないかと考え、学生が書いたライティングへのフィードバック（以下、FB）を強化する方向で授業を調整しました。ライティング指導における FB は、学生の書いた内容や論理構成、さらには言語面（文法）の向上にも効果があるとされています。しかしその一方で、FB を与える側に多大な労力と時間を要するにも関わらず、特に書き言葉（コメント式）による FB においては、学習者にその意図を誤解される危険性や、FB の意味を正しく理解されず、結果、無視されてしまう危険性があり、学習成果につながらないケースも多々あります。これらの問題点を克服するためには、教員が各学生に対話を通して個別に FB を与えることも考えられますが、もしこれを対面授業で行うと

すると、1クラス1人につき5分 FB を与えるという想定でも、約2回分の授業時間を要してしまうこととなり、現実的ではありません。しかし、対面では導入が難しいこのような個別の FB も、オンラインでは、授業の構成次第で実現可能となります。筆者は1週分の授業を図 15-1 のように構成し、3週に亘って全員が個別にフィードバックの機会が得られるように授業を計画しました。

　個別 FB を受ける対象となった学生は、評価が書かれたファイルを前の週に受け取ります。そのファイルには、全体的な評価以外にも、文法的エラー、論理構成のエラー、そして両エラーがある箇所で、それぞれ異なる色のハイライトが付けられています。学生には、個別の面談前に、ハイライトが付いている部分に対して訂正案を考えておくよう指示が出されています。面談ではその訂正案をもとに、対話をしながら教員がアドバイスやコメント

全体（Zoom）	今週の授業目標と授業時間（90分）の使い方について説明				20分
	ウォームアップ・アクティビティ				
	小テストの実施				
グループ別	Non-FB グループ	使用メディア	FB グループ	使用メディア	55分
	動画を見て、授業時間内に終わらせるタスクと注意事項などを確認	LMS（＊質問がある場合は zoom へ）	（順番が来るまで）クスク B（リーディング題材の解説動画＋問題）	Zoom（ブレイクアウトルーム）＋LMS	
	タスクA（問題）		個別にフィードバック		
	タスクB（リーディング題材の解説動画＋問題）		（FB 後）面談でのアドバイスをまとめ、LMS に提出		
	タスクC（問題）		ライティング書き直し		
全体（Zoom）	（再集合）総括コメント・質疑応答・次週までの自宅課題				15分

図 15-1　個別 FB を入れた1週分の授業構成

を与えていきます。その後、学生はライティングの改善方針を文書にまとめ、そのまとめたものを LMS に提出してから、自身のライティングの書き直しを行い、再度課題を提出します。一方で、個別の FB 面談がない学生たちには、LMS 上にある課題を授業時間内に終わらせるように指示が出されています。なお、面談のない週は必然的に教員との接触が授業の開始時（20分）と終了時（15分）と、少なくなってしまうため、上述した LMS 上の課題の中には、教員による解説動画を 2 本入れ、面談がなくとも学生が教員の存在を感じられるよう心がけました。

3　評価方法

　従来の対面授業の評価対象は、次の 3 点です。①学期途中と学期末に行う復習テスト、②（単語などの）小テスト、そして③成果物（ライティング）。これらの評価対象は、オンライン授業においても変更はしないとの学務委員による方針が事前に出ていました。そうなると、①と②に関しては、問題自体を資料・教科書参照やネット検索にも耐えられるものにして、不正行為が起こらないようにしなくてはいけません。そこで筆者は、復習テストを作成する際、Bloom's Taxonomy（表 15-1）を参照にしながら、記述式問題を中心に出題するようにしました。例えば、今回、復習テストの範囲の中でスーパーマーケットにおけるマーケティング戦略について書かれたリーディング文がありました。そこでテストでは、「（学生と）同じ文章を読んだある店長が自身の店を以下の図のように変えたが、売り上げが上がっていない。その理由を説明し、さらに改善案とその根拠も英語で書きなさい」という問題を出しました。この問題に答えるには学生はリーディングの内容を詳細に理解しているだけでなく、その知識を活用し、店長の理解ミスを訂正することが求められます。

　また、小テストは、LMS 上に解答フォーマットを用意しておき、オンライン授業中に教員が英語の定義を口頭で読み上げ、該当する単語を学生にLMS 上で記入させたり、教員の読み上げた英文を学生が書き取って解答さ

表 15 - 1　Bloom's Taxonomy

Type or level of question	Students are asked to …	Example questions
Understanding	Demostrate understanding by constructing meaning from information	● In your own words, … ● Give an example of …
Applying	Apply knowledge and understanding to a particular task or problem	● How could you solve the problem using you've learned from … . ● What would happen if … ?
Analysing	Examine different concepts and make distinctions between them	● What are the features of … ● What is the relationship between A and B

Anderson, L. & Krathwohl, D.（2001）より一部抜粋

せたりする形式のテストを行い、不正行為が起こりにくいテスト環境づくりに努めました。

4　教育者からみた授業の効果・課題

　オンライン授業開始当初は教育効果を心配する声も多くありましたが、春学期が終わり、振り返ってみると、オンライン授業でも十分に教育効果があったと感じています。リーディング指導においては、教員が作成したリーディング解説動画を見て学習することが主となりましたが、学生の授業評価コメントからは「重要な部分を一旦停止したり、繰り返し聞いたりできたところが良かった」、「自分のペースで勉強できた」とポジティブな感想が多く寄せられました。また、アウトプット活動であるライティングにおいても、対話を通したFBを取り入れることによって、個々の問題に合わせた指導が対面時よりも高いレベルで実現できたとの印象を持っています。学生の授業評価コメントには、「ライティングを丁寧に見てもらったので、書くことへの意識が高まった」、「これまで『筋がとおる、論理的に書く』というのがいまいち自分の中でずっと理解できないでいた。でも先生との個別面談で『論

理的とは何か』という基礎的なところから、自分のライティングのどの部分で論理がとおっていないのかを説明してもらえたので、2 回目のライティングは話の展開を注意して書いた」など、個別の FB が学生の書くモチベーションや、学びを促進していたことが示されていました。

　一方で、オンライン環境で公正な評価をどのように行うかという点においては、まだ課題が残るように感じています。現状のカリキュラムでは、学期途中と学期末に行う復習テストと小テストという客観テストの点数が成績の重点になっています。しかし、オンライン環境のテストでは、公正性を保つには限界があり、カメラを使ってテストを監視したとしても、不正行為を完全に防ぐことは困難だと思われます。そのため、オンライン環境においては、テストによる評価に頼るのではなく、毎週の学生の授業活動を点数化し、その積み重ねの得点を評価の中心に据えた方が、より良い評価ができるのではないかと、筆者は考えています。

5　これからの教育に対する展望

　新型コロナウィルス感染症は、大学教育の現場にも非常に多くの影響を与えました。またオンライン授業の導入も、段階的な移行期間があったわけではなく、教員をはじめ、学生そして教務スタッフにもかなりの戸惑いがあったと思います。筆者も、当初は従来の対面授業でしていた指導を、どうオンライン授業でも行うかということを考えていましたが、実際にオンライン授業を行ってみると、新しい環境に合わせ、授業を「再構築」するということが大切だと気づかされました。対面授業ではできることが、オンライン授業ではできないことがある反面、対面授業ではできないことが、オンライン授業ではできる場合も多くあります。各担当教員が、オンライン授業の「可能性」をいかに多く見出せるのか。そこに成否の鍵があるように思っています。

参考文献

Anderson, L. & Krathwohl, D.（2001）*A taxonomy for learning, teaching and assessing: A revision of Bloom's taxonomy of educational objectives.* New York: Longman.

第 16 章　日本語教育

国際部　古川智樹

> **科目**：日本語Ⅰ
> **科目区分**：外国人留学生科目、演習、1年生向け
> **履修者数**：1クラス 20 ～ 30 名
> **キーワード**：アカデミック・リテラシー、プレゼンテーション、外国人
> 留学生、初年次教育、反転学習
> **授業方法**：リアルタイム型のオンライン授業
> **科目紹介**：日本語Ⅰは外国人留学生科目として、初年次の外国人留学生
> を対象に大学で求められるアカデミック・リテラシーを養成する演習科
> 目です。そして、本科目はその中でもプレゼンテーションを重点的に取
> り上げ、発表の表現、PowerPoint の使い方をはじめ、論理的・批判的思
> 考能力、課題発見・解決能力などを学び、日本語による発表の基礎を身
> に付けます。

1　授業目標・授業の特色

　外国人留学生科目として開講されている「日本語」科目は、日本語Ⅰ～Ⅳ
で構成されており、留学生が初年次に受講する必修科目です。日本語Ⅰ～Ⅳ
は、留学生が大学生活で必要となるアカデミック・リテラシー（ライティン
グ・リスニング・リーディング・スピーキング）を養成することを目的とし
ており、本稿で報告する「日本語Ⅰ」科目はアカデミック・プレゼンテー
ション能力を養成する科目になります。1クラスの留学生数は 20 ～ 30 名
で、授業ではプレゼンテーションにおける日本語表現、PowerPoint（以下

PPT）の使い方のほか、発表に必要な情報収集力、論理的・批判的思考能力の獲得、そして、社会問題を発見し、その解決方法を考え、それを聞き手にいかにわかりやすく伝えていくかを学ぶことを目標とした演習授業をしています。

　授業の特色としては、コロナ下以前の対面授業の時から積極的に ICT 活用をしていたのですが、発表・発話、即時フィードバックなど、授業時にしかできない活動を授業時間に最大限できるようにするため、反転学習[1]（バーグマン・サムズ 2014）を取り入れていることが挙げられます。本授業では、学生はまず授業前に LMS にアクセスし、アップロードされている①10 分程度の講義動画視聴、②確認問題および発表課題を予習課題として行います。①の予習講義動画の内容は、PPT の使い方／課題設定・情報収集の方法など、プレゼンテーションに必要な学習内容で、同じ回の授業との連携を意識したものとなっています。そして、授業では、グループワーク／ディスカッション（以下 GW/D）、プレゼンテーション、他者・相互評価など、産出を中心とした活動を行い、授業後は LMS の e ポートフォリオ[2]コンテナ機能を用いて、録画した自身のプレゼンテーション動画を視聴し、振り返り（自己評価）と相互評価を行い、e ポートフォリオ学習モデル（森本 2012）のサイクルを回しています。

2　授業内容・授業方法

2. 1　従来の授業内容・方法を変更した点

　コロナ下における授業では Zoom を活用したリアルタイム型のオンライン授業を行いました。オンライン授業に切り替わったことによる、授業目標および内容の変更はなく、図 16−1 に挙げる内容をオンライン授業においても従来の対面授業と変わらず実施しました（大学が完全休講となった 1・2 週目は補講にて対応しました）。

　変更した点は、「発表時のコメント・質問」と「GW/D の方法」です。まず、「発表時のコメント・質問」に関しては、従来の対面授業では、発表者

図16-1　本授業の各回の内容

は発表資料（PPT）を教室備え付けのプロジェクターに投影し、視聴者は発表後に質問、コメントを行う形でしたが、オンライン授業では発表者にはZoom の「画面共有」機能にて資料共有してもらい、視聴者にはパソコン、スマートフォンでテキスト入力が可能なクリッカー[3] を用い、質問、コメント、さらに発表者の評価（5段階評価）を行ってもらいました。次に、GW/D では、従来の対面授業では、各グループでハンドアウトや模造紙などを用いて、グループの意見をまとめ、GW/D 後に共有という形で行っていましたが、オンライン授業では、Zoom の「ブレークアウトセッション」機能でグループを作成し、共同同時編集が可能な Google ドキュメント・スプレッドシートを用いて、各グループの参加者がそれぞれの意見を書き込んだり、意見をまとめたりできるようにし、GW/D 後はそれらをもとに全体共有を行いました。

2. 2　工夫した点

　リアルタイム型オンライン授業を行うにあたり工夫した点は、①グループワークにおける具体的な指示、②オンライン環境下における話し手、聞き手の態度に関する指導の2点になります。

　①に関して、従来の対面授業では GW/D 中は教員が机間巡視をし、質問受付や、グループの議論を活性化させる介入を容易に行えましたし、学生は

計画

要望などについて相談

適切な人を探す

本社

仕事依頼

労働者

○○

対象者・求暇者

労働

給料

人手不足の企業

図 16-2　オンライン授業での発表の様子

近くの学生に質問をすることもできましたが、オンライン授業ではそれらはできません。そのため、オンライン授業では GW/D が停滞しないよう、時間内で何を話し合い、何がゴールであるかをハンドアウトにて明確にし、話し合いの内容および手順など、具体的な指示を行いました。また、GW/D 中は、教員とティーチング・アシスタントがブレイクアウトルームを順に回り、質問の受付やグループの進捗を確認し、GW/D の活性化に努めました。

　②に関して、Zoom でのオンライン授業参加には、参加上のマナーやルールがあります。すでに多くのメディア媒体で指摘されていますが、オンライン授業参加時には音声をミュートにしておくこと、カメラを ON にしておくこと、Zoom 上の表示名を教員がわかるよう自分の名前に変更することを授業開始時に指示しました（図 16-2 参照）。また、オンライン上で産出を中心としたコミュニケーション活動を多く行う授業であるため、発話するときは Zoom のリアクション機能や挙手機能などを用いて自分が話すことをまず表明すること、誰かの発表時に聞き手であるときも相づちをするといったリアクションの指示など、オンライン・コミュニケーションで求められるコミュニケーション能力の養成に努めました。

3　評価方法

　従来の対面授業の評価対象は、授業への参加度、予習課題の達成度、発表内容・資料、振り返りレポートでした。オンライン授業下においても授業内容は変わらず行っていたため、評価も同様に、従来どおりの評価を行いました。ただ、授業への参加度に関しては、従来の対面授業では、授業内での発話回数、グループワークへの積極的参加度を対象にしていましたが、オンライン授業下ではそれらの評価は難しいため、クリッカー、LMSへの書き込みなど、テキストによる発話回数を参加度としてカウントし、評価を行いました。

4　教育者からみた授業の効果・課題

　従来の対面授業とオンライン授業の授業内容に変更はなく、学生のプレゼンテーションの内容、でき映えも概ね例年どおりの質の高いものができていました。その中でも、オンライン授業の最大の効果に関しては、図16-3のアンケート結果にも表れていますが、移動しなくてよいこと、自分のペースで学習できることが挙げられると思います。オンライン授業によって未入国の留学生も問題なく、公平に授業に参加でき、また授業時間外での発表準備GW/Dも効率的に行っていたため、それらの結果が最終発表の成果として出ていたと思います。一方、オンライン授業の課題に関しては、①学生とのラポール構築・コミュニケーション時間の確保、②課題の量、の2点が挙げられます。①に関してですが、図16-3をみると、教員とのコミュニケーションに満足と回答している人が66％いる一方で、満足していない学生が24％いることがわかります。従来の対面授業であれば授業前後の時間も含めて話すことによって、お互いを知り、学生との信頼関係を構築していきます。しかし、オンライン授業では授業が終われば画面を切ってしまいますし、オンライン授業下では画面の切り替え、GW/Dの結果共有など従来の対面授業よりも時間がかかってしまうため、自由な交流時間が少なくなる傾

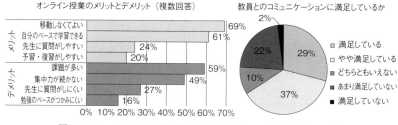

図16-3　オンライン授業に関するアンケート結果（N = 49）

向にあります。そのため、いかに学生に声をかけ、学生とのラポールを構築し、クラス全体を活性化させるかはオンライン授業の課題であると考えます。また、②に関しては、大学全体がオンライン授業になり、従来の対面授業時に比べ、他科目でも多くの課題が出されています。そのため、反転授業を行っている本授業の課題の負担感は大きく、学生の授業外学習の負担を他科目も考慮に入れてどうバランスを取るかという点が今後の課題であると感じています。

5　これからの教育に対する展望

　コロナ下により期せずして進んだオンライン教育の流れは、もはや止められないと感じています。そして現在、学生は世界中の良質な教育を受けられる環境が整いつつあり、今後は教員個々人および大学全体の教育の質が今以上に問われる時代になってきます。そのような中で求められるのは、授業を履修する学生に対して、確実に結果を出す（出させる）教育、実力・能力を身に付ける（付けさせる）教育を実践することだと考えます。本授業を例に取ると、初年次に、大学における学術生活の中で求められるアカデミック・プレゼンテーション能力、インターンシップを含めた就職活動およびその後の社会人生活を見据えた論理的・批判的思考能力、課題発見・解決能力の基礎を確実に身に付け、初年次以降の社会生活でそれらを実践できるような授業設計および教育をしなければなりません。そのためには、限られた授業時間を効率的に用い、日々発展・進化する様々なICTツール、教育方法をそ

の科目における教育に最適化し、絶えず振り返りと改善を行っていくことが今以上に求められると考えます。

注

1) 　バーグマン・サムズ（2015:33）は反転学習を「直接指導を集団学習の場から独習の場へと移し、その結果として集団学習の場を、動的で双方向型の学習環境へ変容させるアプローチのこと。その学習環境においては、生徒が教師のサポートのもと、学習概念を応用し、創造的かつ主体的に学びの内容に取り組んでいく」と説明しています。

2) 　森本（2012:28）は「学習活動のプロセスを通した継続的な学習成果物や学習履歴データ等のエビデンス」となるものをポートフォリオと定義し、それらが電子化されたものをeポートフォリオと呼んでいます。KU-LMSにはeポートフォリオとして成果物を公開、評価できる機能がついていますので、本授業ではその機能を利用しています。

3) 　本授業で用いたのはClica（http://clica.jp/LP/）というフリーのオンラインツールです。

参考文献

バーグマン，J.・サムズ，A.（2015）反転学習―生徒の主体的参加への入り口―. 上原裕美子（訳）. オデッセイコミュニケーションズ

森本康彦（2012）第2章eポートフォリオの普及. 小川賀代・小村道昭（編著）大学力を高めるeポートフォリオ. 東京電機大学出版局

付記

　本稿の取組は、文部科学省科学研究費補助金・若手研究（課題番号19K13247）の助成を受けた研究の一部になります。

第17章　オンライン国際教育プログラム

国際部　池田佳子

> **科目**：「UMAP-COIL プ ロ グ ラ ム（KUGF：International Collaborative
> Learning)」
> **科目区分**：共通教養科目（グローバル科目群）、全学年向け
> **履修者数**：1 クラス（プログラム）合計 140 名
> 　　　　　19 名（関西大学）及び 121 名（海外・UMAP 学生）
> **キーワード**：COIL、協働学習、国際教育、SDGs、地球市民教育
> **授業方法**：同期型オンライン授業形式と授業時間外非同期・同期型グ
> ループ学習形式の混合（COIL メソッド）
> **プログラム紹介**：コロナの影響を受け、学内に受け入れる留学生がキャ
> ンパスに存在しない状態が新常態となった。派遣留学等のモビリティの
> 機会も当面の間失ってしまった学内の学生や、海外の日本に関心を持つ
> 国際学生の学び空間を COIL という形で実現し提供した。さらに、協働
> 学習のテーマを SDGs とし、この機会を最大限活用し、地球全体の社会
> 問題を自分事として捉え、世界のピアと共に考える体験ができる学習プ
> ログラムとして構築した。本プログラムは POST-COVID の新たな国際教
> 育の在り方を示唆するものである。

1　授業目標・授業の特色

「International Collaborative Learning」は、共通教養科目の中の「グロー
バル科目群」の科目です。この科目は、国際部が提供する国際教育プログラ
ム KUGF（Kansai University Global Frontier）プログラムを単位化する目

的で 2018 年に設置されました。KUGF は、本学の 130 周年記念事業の一環
で、2016 年にスタートしました。それ以来、本学は先進的な国際教育の実
践を取り込んだ各種プログラムを作り上げて来ています。2018 年には新た
に COIL（オンライン国際連携協働学習／Collaborative Online International
Learning| 海外大学のクラスと連携して共修を行う教育実践の 1 つ）を派遣
型留学プログラムの前後に取り込んだ派遣留学プログラム（「COILPlus」）
が始まり、このプログラムの単位化にも本科目が応用されることになりま
した。

　本稿で紹介するのは、この「COILPlus」の 1 つで、UMAP（アジア太平
洋モビリティ機構）という海外大学コンソーシアムとの連携により実現した
UMAP-COIL プログラムです。2019 年から 2 年に亘り実施されています。
2019 年度は、5 カ国 16 名（内日本人 4 名）が参加し、1 カ月間の COIL と、
1 週間の Osaka Camp（於：高岳館）、そして SDGs を学ぶことをテーマに、
日本・韓国・ロシア周遊の旅を行うという 3 週間のプログラムでした。2020
年は、コロナの影響下で、留学生の日本への来日は断念し、7 月末から 9 月
中旬までの約 8 週間の COIL のみの活動を行いました。本学の学生は学部も
学年も多様ですが、2020 年夏もしくは春に海外留学を予定していた者が多
く、「夢をあきらめない」という思いから参加しました。パンデミックの状
況下において最大限できる国際教育の形を模索する目的で、今年も世界の
500 大学以上が加盟している UMAP と連携しました。学生の参加コストは
無償提供とし、経済的な負荷を少しでも軽減しながらよりインクルーシブに
世界の学生達が参加できる体制を取りました。結果、13 カ国、121 名の海外
大学からの参加がありました。従来のプログラムの実施方法では想定できな
い参加数を見込めたこと、またこのように多様な国・地域からの参加があっ
たことは、世界中の学生がつながりを求めていることの証です。

　本プログラムの主担当者は筆者ですが、COILPlus プログラムはすべて
IIGE（グローバル教育イノベーション推進機構）においてチームで実施し
ています。2020 年においても、2 名の IIGE の特別任用教員とコーディネー
ター達の多大なる支援を受け、140 名という大人数を扱うのにも関わらず、

6 〜 8 名からなる小グループを作成し（合計 12 グループ）、それぞれの活動の経過観察を行いながら個人評価およびグループ評価を実施することができました。

2　授業内容・授業方法

2. 1　従来の授業内容・方法を変更した点

　従来の COILPlus プログラムでは、まず学期中もしくは集中講義形式で COIL 実践に学生達が参加します。その後、COIL を行った海外パートナー大学に学生達が派遣留学もしくは本学への受け入れ留学に参加し、バーチャルでつながったピアに実際に面会し、そこでも交流学習を行います。2020 年のプログラムは、COIL 形式のみで全プログラムを完結するため、グループでの活動時間を従来よりも多く確保し、プロジェクトタスク（SDGs の達成に向けて活動している世界のソーシャルビジネスのケース分析）のアイデア出し作業から、最終プレゼンテーション準備までの段階を担当者がファシリテートしました。本学学生は、International Collaborative Learning 科目の単位を取得する上で、8 週間に亘る COIL（少なくとも 50 時間の学習時間を保証）に加え、事前・事後学習を合計 10 時間程度で実施する必要があり

表 17 - 1　2020 年 UMAP-COIL プログラムの工程

事前学習	7 月 23 日〜 28 日 CU との Language Learning COIL& BEVI[1)] 事前テスト アイスブレイク活動
講義＋ VE[2)*]	7 月 27 日、8 月 3 日、10 日、31 日、9 月 7 日 計 5 回講義とグループ意見交換セッション
グループによるプロジェクト型学習活動	8 月 14 日〜 9 月 14 日 PBL：ソーシャルビジネスのケース分析
最終発表	9 月 14 日 Zoom によるグループ発表（ゲスト評価者参加）
事後学習	9 月 15 日〜 29 日 最終発表　他グループ分閲覧＆ BEVI 事後テスト

ました（表 17-1 参照）。以前から COIL 科目を推進する米国大学のパートナーである Clemson 大学（CU）の英語教授法（TEFL）科目とのコラボが実現し、19 名の本学の学生 2 名ずつに CU の TEFL 教員志望の学生 2 名をマッチングした、2 週間に亘るセミ・プライベートオンライン英語レッスンを事前学習として提供することができました。

2. 2　工夫した点

　本学で行う 4 週間以上の COIL 実践は、2018 年度からスタートした世界展開力強化事業の補助金を一部活用し、米国のスタートアップ企業 Class2Class と共に開発した「immerse U」という CMS（Course Management System）を使用しています。

(1)　事前学習を活用した COIL の STEP1「アイスブレイク」

　ImmerseU の機能を使って、自己紹介ビデオを撮影して、アップロードする活動を授業前の数日間で行いました。学生間でそのビデオを閲覧し、またビデオやテキストで反応することもできます。バーチャルでしか会わないメンバーであるからこそ、「顔の見える」アイスブレイクは効果がありました。

(2)　各講義提供における実践的な学び

　遠隔からの講義提供である環境を最大限に活用し、今年のプログラムではイギリスと日本（沖縄）からゲストスピーカーに参加依頼を行いました。イギリスは、Atlantic Pacific（NGO）[3]、そして X-Cross[4] という企業、そして日本発のスタートアップである Mymizu[5] のそれぞれ役員クラスが登壇し、SDGs のそれぞれが理念の根幹となっているゴールについて、自身達の活動の紹介と共に共有してもらい、そのトピックについて、担当講師側で各学生達にグループディスカッションを課すという形式で 90 分を展開しました。オンラインでの授業提供であったからこそ、そしてパンデミックという状況下での働きかけであったことで、これだけの多様な組織が一堂に参加してくれたのだと思います。

(3) 小グループへの形成と PBL 活動のタスク指示

　140 名の多様な学生層を、よりダイバーシティ豊かなメンバーとの国際チームを形成させるため、講師側で日本人学生 2 名＋少なくとも 3 カ国の出身別国際学生を入れた 6 〜 8 名のグループをアレンジしました。合計 12 グループを 3 名の講師がそれぞれ「担任」し、COIL の中核をなす PBL 活動の進捗確認や、質問事項の受付けなどを行いました。本プログラムで行ったプロジェクトは、上記 3 つの団体のように SDGs の達成に向けて活動している世界のソーシャルビジネスのケース分析です。各グループは Padlet アプリのスペースを持ち、WhatsApp など様々なツールを各自が活用し課題を進めます。4 週間という比較的長い期間を提供し、すべての工程を各自がペースを守りつつ進められるようにしました。オンライン上で行う活動は、対面のグループ活動よりも想像以上に参加者の能力とエフォートが問われます。多くがこういったバーチャルチームでの作業を、しかも多文化背景を持つメンバーと行うのは初体験であることから、十分な時間と、心理的安全性（個別の時間も、グループの時間も取れること）の確保、そして適切なコーチングが求められます。COIL の PBL は学生間の異文化や時差などの多くの要因に悩まされます。この状況をあえて最初から教員がおぜん立てをせず、自分で克服・解決するアクションを一緒に考え、最終的なイニシアティブを学生にとってもらいます。この過程の学びは、COIL 実践の大きな狙いでもあります。

3　評価方法

　本プログラムで重視したのは、①各活動への参加度合い、②個人およびグループ活動への参加貢献度、③各講義で出される意見提示課題、そして④最終プレゼンテーションにおける個々とチームのアウトプットの 4 点です。①は、各講義セッションの後半に VE 活動を設け、ブレークアウト機能（Zoom）でグループに分かれての意見交換を必ず設けていたため、単なる「出席」ではなく、参加度合いを対象にしています。Zoom のセッションへ

写真 17 − 1　最終プレゼンテーションの様子と各グループ独自のセッション場面

は、できる限り複数名の講師陣で少しだけ議論に参加するといった形で、実際のセッションの様子を観察すると共に、グループワーク途中と最後で、他者評価シートを用意し、それぞれのチームメンバーの参加貢献度について記述してもらい、それも参考にしました。②と③については、先述のimmerseU にすべて履歴が残るので、このトラッキングを活用しそれぞれの評価を加えました。④の最終プレゼンテーションは、講師陣に加えて、外部ゲスト評価者を招待し、アウトプットの質を客観的に判断できるように工夫しました（写真 17 − 1 参照）。外部ゲストは分析の詰めが甘い点などを、ストレートに指摘してくれます。一方講師陣は作成過程を熟知しているため、達成度合いを重視した評価となります。この双方の側面があると、学生達へのフィードバックは非常によいバランスを持ったものとなります。最終プレゼンテーションには、どのような基準で評価者が見ているのかを明示したインストラクションビデオをあらかじめ作成し、十分に学生が理解した上で進めました。

4　教育者からみた授業の効果・課題

　COIL 実践は 2014 年度から取り込んできましたが、2020 年のコロナの影響下で行うことで、今までに見えてこなかった実践の効果が明らかになったと感じています。まず、学生の参加意欲が従来の COIL 授業と比較して、大変高く、その意欲が反映された活動への参加度合いが 8 週間変わらず持続し

ました。本プログラムは、本学学生は単位履修ができますが、海外から参加した国際学生は Certificate of Completion が IIGE から発行されるのみで、単位互換はできません。評価基準などを設定しても、科目としての紐づけがない状態であれば、成績を下げたくない、A を取りたいといった動機は期待できないのですが、結果としてこの維持された高い参加度合いの効果をもたらした要因が他にあったわけです。講義セッションを毎回観察しても、日本時間のリアルタイムで実施する中、ヨーロッパ、南北アメリカ大陸の諸国など、早朝や深夜に自分の国から参加する国際学生達のコミットメントには本当に頭が下がる思いがしました。グループセッションでも、そして講義中に並行して学生らが自主的に展開したチャットでの意見論争の数々からも、SDGs の達成、地球環境の保護、不平等格差解決への強い想いが、彼らの行動を裏打ちしていることがわかります。

　国際学生の動きを見て、本学学生達も、最初はおじおじと控えめな様子の学生が多かったのですが、中盤頃からはチャットへ意見を書き込んだり（もちろん英語で）、Padlet 上のグループ活動でもリードを取ったりと、能動的な学習者へと転じていきました。国際共修が良い刺激を与えたと思います。

　課題としては、先述したとおり、こういったプログラムは、正規科目に取り込むには、例えば、学生の活動に応じて単位を認定する制度が必要なのですが、柔軟なカリキュラムはどちらかというと積極的に取り込まれていないのが、本学の現状です。

5　これからの国際教育に対する展望

　"Don't waste a good pandemic." ウィストン・チャーチルの言葉を少し応用して、この機会を無駄にするな、と、国際教育分野でよく耳にします。コロナは、多くの国内の国際教育関係者にとって、突然両足を事故で大けがをして、歩けなくなってしまった状態のようなダメージでした。今までのように前へ進めない。「元の状態に戻る」まで、立ちすくんでしまいたくなる、そんな畏怖も経験したと思います。しかし、その中で、改めて認識し直

したことも多くあります。「留学」で、学生自身、そして教育者側は何を学ばせたかったのか。それは本当に現地へ行かないと学べないスキルなのか。海外の異なる環境でイマージョン体験をすることと、オンラインで交流することとは別物です。さまざまな環境整備をし、コストをかけて、あえて現地へ留学するのなら、何を得てくるべきなのか。オンラインとオンサイト、両側面をどう融合し、より効果が期待できる教育設計をしていくのか、新しい課題が生まれています。これは、コロナ以前にも存在していた課題ですが、パンデミックを経験し、日本で「ようやく」ギアが入った、と言えるでしょう。ただ、人間の心理は「現状バイアス」が働くもので、喉元を過ぎた災いはすっかりと忘れて以前のように振る舞おうとするかもしれません。今一度、先述の言葉を噛みしめ、やにわに始まろうとしている教育の DX（デジタルトランスフォメーション）の波に乗りながら、第二フェーズの国際教育を創出していきたいと思っています。

注

1)　BEVI は教育、研究、からリーダーシップ・プログラムやメンタル・ヘルスに至るまで、様々な場面で利用することのできる、使いやすくまた柔軟性に富んだ心理分析ツールです。
2)　* Virtual Exchange の略。本稿では、ピアの国際共修を講義の中に取り込む形式の活動は大きく「VE」とカテゴライズしました。COIL は一定期間の協働学習プロジェクトを前提としたモデルであるため、本稿で解説している全体を意味しています。
3)　Atlantic Pacific https://www.atlanticpacific.org.uk/
4)　X-Cross https://x-crop.com/
5)　Mymizu https://www.mymizu.co/

参考文献

UMAP-COIL プログラムの詳細は以下のリンクから確認できます。
https://www.kansai-u.ac.jp/Kokusai/IIGE/news/detail.php?seq=106

謝辞

　本プログラムの副担当者であった Dr. Don Bysouth と Dr. Jiunyan Wu をはじめ、IIGE チームのスタッフの支援に深謝します。

第18章　心理学実験

社会学部　関口理久子

> **科目**：専門演習Ⅰ
> **科目区分**：社会学部心理学専攻の専門科目、必修科目、3年生向け
> **履修者数**：1クラス20名
> **キーワード**：心理学実験、グループワークとディスカッション、課題探求、プレゼンテーション、レポート作成
> **授業方法**：リアルタイム型のオンライン授業
> **科目紹介**：専門演習Ⅰは社会学部心理学専攻の専門科目として、3年次生を対象に行う演習です。卒業研究における卒業論文作成のための基礎力を習得することを目的として開講している科目です。

1　授業目標・授業の特色

　この専門演習は、専門演習Ⅰ・Ⅱ、卒業研究Ⅰ・Ⅱという3年次春学期から4セメスターに設置されている心理学専攻の必修科目のうち、導入科目に位置付けられます。本科目は「実験心理学的な研究法を理解し、卒業研究における卒業論文作成のための基礎力を習得することを目的」として開講しています。履修学生は、2年次秋学期の段階で志望する専門演習担当教員を選択します。2年次の春・秋学期に、初級心理学実験実習と中級心理学実験実習という必修科目を受講することにより、心理学研究における基礎的な研究方法や統計分析方法、レポートの書き方の基礎的な訓練は習得済みであることが前提となっています。

本演習科目のシラバスにおいては、到達目標として下記の 3 点が明示されています。第 1 に、知識・技能の観点からは、実験心理学的研究法の習得を目指します。第 2 に、思考力・判断力・表現力などの能力の観点からは、実験計画の立案、研究仮説の設定と心理学実験の実施、データ分析、仮説検証、そして、心理学の論文形式（IMRAD 形式）でレポートをまとめ成果発表ができる能力の習得を目指します。第 3 に、主体的態度の観点からは、一連の作業で常に積極的に関与し、適宜修正を行いながら学習を進めることができることを目指します。

2　授業内容・授業方法

2. 1　従来の授業内容・方法を変更した点

授業の進め方に関しては、上述した到達目標は変更せず、従来の授業の進め方も基本的に踏襲しました。しかし、成果発表は、15 回中には実施できなかったため、専門演習Ⅱ（秋学期）の最初の 3 回を利用し行いました（図 18-1 参照）。

そもそもグループ実習における心理学実験とは、心理実験室において対面式で実施するものであり、準備・実施・データ分析のすべての段階において、グループの成員間での協同作業が中心となるため、遠隔授業では成り立たないものが多いです。したがって、遠隔授業では多くの制約が生じました（表 18-1 参照）。

図 18-1　2020 年度専門演習Ⅰの授業の流れ

表 18-1　対面授業とリアルタイム型オンライン授業の授業内容別対応

授業内容	従来の対面授業	リアルタイム型のオンライン授業
テーマ	過去の卒業研究のテーマや独自テーマなど自由に選択できる	テーマによっては実験実施が不可能なので、制約がある
グループ	3・4 名で構成	3・4 名で構成
使用教室	PC 教室と心理実験室	なし
グループワーク	教室で分かれて行う	Zoom のブレークアウトルーム機能を用いる
資料の閲覧・配付	PC 教室にて、配付（印刷物と PDF）	関大 LMS と Dropbox を利用し配付
刺激の作成		
視覚刺激（静止画）の作成	PC 教室、心理実験室等で作成	各自が作成
視覚刺激（動画）の録画	心理実験室で作成	先行研究（卒業研究）で作成されたものを利用
音声刺激の録音	心理実験室で作成	先行研究（卒業研究）で作成されたものを利用
実験課題の作成		
PowerPoint[注1]	PC 教室と心理学専攻のノート PC で使用可能	各自の PC で使用可能
Excel Visual Basic for Applications（VBA）	同上	初心者が作成するのは難しい・デバイスに依存するので使えない場合がある
Microsoft Visual Basic（VB）	同上	同上
Cedrus Super Lab	心理学専攻のノート PC で使用可能	初心者でも簡単に作成できるがライセンスがないので各自では使用できない
PsychoPy	心理学専攻のノート PC で使用可能	使用可能だが初心者が作成するのは難しい
質問紙・回答用紙の作成	Excel や Word で印刷して使用	Google Forms で作成して使用
実験データの収集	PC 教室・心理実験室を使用・回答用紙等は印刷	Zoom のブレークアウトルーム機能を用いて仮想実験室を作る・Google Forms を併用
統計分析ソフト		
IBM SPSS Statistics 25[注2]	PC 教室で使用	各自の PC で使用可能だがインストールできない学生が多かった
HAD[注3]	PC 教室で使用	各自の PC で使用可能

[注1] 関西大学では、包括契約により学生は Office365ProPlus が使用可能。ただしパワーポイントは秒単位の刺激提示コントロールはできるが反応時間は測定できない。[注2] サイトライセンス契約により学生は私費購入の PC にも IBM SPSS statistics 25 のインストール可能。[注3] 関西学院大学　清水裕士先生作成のツールを許諾を得て使用。

　まずテーマについて、従来の授業では、過去の卒業研究のテーマを参考にしながら自由にテーマを設定できましたが、オンライン授業では、心理実験室の使用や対面でのデータ収集が不可能なため制約が多くありました。また、実験刺激作成や実験課題の作成に際しては、大学の PC 教室や心理学専攻所有のノート PC や器具を使用できないため、これもかなり制約がありました。また、データ収集や統計分析についても従来の授業では使用できたものができなくなったなどの制約がありました。

2. 2　工夫した点

(1)　各グループのテーマについて

　社会的な現象（コロナ禍）に関連する心理学的なテーマへの関心が高まっていた学生が多く、そのような身近な心理学的問題を実験計画に盛り込むよう教員が示唆することで、学生たちが先行研究の追試ではなく、独自テーマを設定することができた（表 18 - 2 参照）。

(2)　グループワークにおける具体的な指示

　教員が記録係を指名し、グループワークの進捗状況における報告のポイントを伝え、関大 LMS を通じて各回とも提出させるようにしました。記録係については、最初の数回は教員のほうで指名しましたが、授業回が進むにつれて学生たちが持ち回りで記録し、進捗状況を提出するようになりました。進捗状況の記録により次回までにしておくことが明確になるため、学生たちは LINE やメール、Google Docs などを使用して共同であるいは分担して授業準備を行いました。また、先行研究の検索については、検索方法の資料を教員が配付し、学生各自が調べるとともに、関連するテーマの過去の卒業研究や先行研究などを教員が Dropbox に保存し、学生たちが閲覧やダウンロードを自由にできるようにしました。

(3)　実験刺激や実験課題の作成

　本来ならば自分たちで作成しなければいけない動画は、先行研究（卒業研究）で作成したものを利用しました。また、実験課題は、実験刺激の提示をミリ秒単位でコントロールするような実験プログラムの使用（例えば、久

表 18-2　グループワークの概要

グループとテーマ	仮想実験室と条件	方法	統計分析の種類
グループ1 睡眠負債が精神的・身体的反応に及ぼす影響と悪夢と zoom 疲れとの関連	なし	①質問項目の選択と作成 ② Google Forms による調査	因子分析 相関分析 重回帰分析
グループ2 魅力的・性別らしい声とは？ ─声の要素との関連性─	実験室（1） 条件（1）	①予備調査（音声の選択） ② PowerPoint による刺激提示と Google Forms による回答を併用	相関分析 重回帰分析
グループ3 真の笑いと作り笑いの判別における個人差（自己意識とシャイネス）の検討	実験室（2） 条件（2）	①刺激動画（真偽笑顔）の選択 ② PowerPoint による刺激提示と Google Forms による回答を併用	t 検定 1要因分散分析
グループ4 新型コロナ禍がマスク非着用者に対する印象に及ぼす影響	実験室（2） 条件（2）	①感染不安の個人差の予備調査 ②①を元に参加者を条件に振り分け ③ PowerPoint による刺激提示と Google Forms による回答を併用	因子分析 t 検定
グループ5 価格提示が商品の品質評価（印象）に与える影響	実験室（1） 条件（3）	① PowerPoint と Google Forms による予備調査（適正価格を調べる） ② Google Forms による本調査	χ^2 検定 1要因分散分析

本・関口 2011）やその実施が無理なため、厳密な時間コントロールや反応時間の記録などが必要ない課題にするよう指示しました。

(4) 質問紙項目の作成と実験における回答項目の作成

　質問紙は従来の授業では、Excel や Word で作成し、必要部数を印刷していましたが、今回はすべて Google Forms にて作成しました。

(5) データ収集とデータ分析に際して

　データ収集に際しての倫理基準の資料を配付し、各自が実験に際して倫理基準を満たしているかどうか確認を行うとともに、教示文を作成させました。これは従来の授業と同様でした。

　従来の授業では、心理実験室にて統制された条件下でのデータ収集が可能ですが、オンライン授業では、授業時に Zoom によるブレークアウト機能を

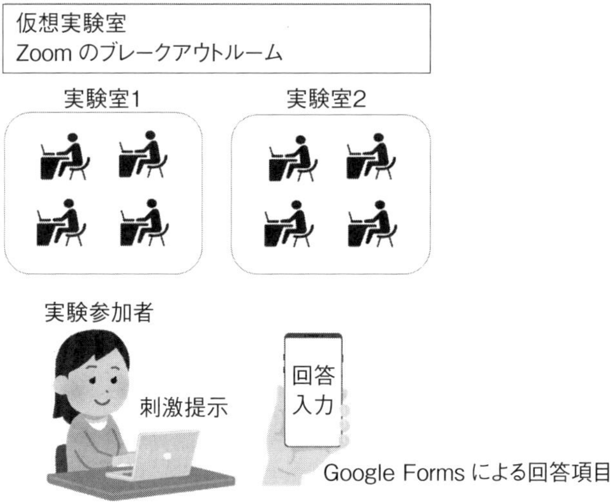

図 18 - 2　実験実施方法の例

用いて、仮想実験室を用いてデータを収集しました（図 18 - 2 参照）。その
ため、通信環境によっては接続不良となり、実験が中断される事態が危惧さ
れましたが、学生たちが事前に実施計画を準備し練習し、そのような事態で
は中止することも計画に入れることで、不測の事態への備えができ、実施に
際しては大きな問題はありませんでした。また、学生たちから、刺激提示と
回答を同じ PC で行うよりも、刺激提示用 PC とスマホの両方を併用するほ
うが円滑に進むことが提案され実施されました。

　データ分析に際しては、関西大学では、サイトライセンス契約により学生
は私費購入の PC にも IBM SPSS Statistics 25 をインストールできますが、
履修学生の中には各自の PC にインストールできない者が多かったため、関
西学院大学清水裕士先生作成の統計ツールである HAD（清水 2016）の使用
に関して許諾を得て使用しました。

3　評価方法

　従来の授業の評価対象は、グループ実験における実験の成果をまとめた個人のレポートへの評価（70 %）と各グループでの口頭発表の資料（パワーポイントなど）作成・実施の評価（30 %）でした。しかし、2020 年 5 月下旬のシラバス変更時に、グループ実験・調査の成果を個人がまとめたレポートへの評価（50 %）およびグループによる口頭発表の資料作成への参加度・実施への評価（50 %）に変更しました。

　レポート（50 %）に関しては、従来の授業での評価と同様であり、形式に関する評価は中級心理学実験実習のチェックリスト（関西大学社会学部心理学専攻、未刊行）に準じて、内容についてはシラバスの成績評価基準に準じて評価を行い、最終的に 4 段階（A +、A、B、C）での評価を行いました。発表（50 %）については、時間が足りず実際の発表の実施は秋学期となったため、発表資料とその作成への参加度（提出時に確認）とパワーポイント資料についての教員評価（評価基準は表 18-3 に準じる）での成績評価に変更しました。

表 18-3　発表資料への評価項目

内容評価
内容をわかりやすく説明している
発表を聞いてよく理解できた
パワーポイントの量が適切である
テーマ・内容にオリジナリティ（独創性）がある
話し方に工夫がある（大事な点を強調する・おもしろく説明するなど）
話し方の適切さ
話す時の声の大きさが適切である
話し方のスピードが適切である
パワーポイントへの評価
パワーポイントの構成に工夫がある
パワーポイントのグラフ・表が見やすい

4 教育者からみた授業の効果・課題

4.1 学生たちの発表の評価

　秋学期の専門演習Ⅱにおけるグループ発表会において、発表者以外の学生たちは評価項目（表18−3参照）について5件法（1. まったくあてはまらない〜5. 非常にあてはまる）での評価と自由記述での評価を行いました。これは本来、専門演習Ⅰの第14回から第15回にて行うべきものでしたが時間的に実施できなかったため秋学期に行いました。また、各グループへの評価得点を算出したところ、ピアレビューでは各グループとも概ね高評価でしたが、総合的に高評価を得たグループが明らかになりました（図18−3参照）。発表はZoomの録画機能を利用して録画され、Dropboxに保存され、学生たちはその後発表を見直すことができました。

4.2 学生たちの振り返り

　発表会の際には、学生たちの春学期の振り返りを行いました。これも従来ならば、春学期終了後に行っているものですが、今回は秋学期の専門演習Ⅱの初回に行いました。振り返りは、従来の授業どおり、「この授業について」と「ゼミでこれからしたいこと」を各自が提出しました。

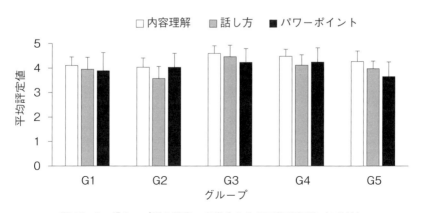

図 18−3　グループ別の発表への学生たちの平均評価値（5件法）

4.3　教員からみた授業の効果のまとめと課題

オンライン授業においては、以下のような効果が認められました。

第1に、様々な ICT ツールを活用し、グループワークに多様性が出ました。第2に、社会現象（コロナ禍）と学びを結び付けることができました。第3に、今までにないオンライン授業という授業方法を行うことで、教員と学生がともに新しい方法に挑戦するという目標が設定され、限られた状況の中で工夫する力が身につきました。第4に、今までの対面授業では、教員が教える側、学生が教えられる側という側面がありましたが、オンライン授業により教員が学生たちと、または、学生たち同士が協同で授業運営を行うことができました。

上述したような効果は教員の印象ですが、2020 年度から開始した Web 方式による授業アンケート（詳細は、関口 2021）の春学期終了時の回答では、「到達目標をどの程度達したか」、「意欲的に取り組めたか」および「総合的に意義のあるものであったか」の質問項目への評価は、それぞれ 4.21、4.71、4.86（それぞれ 5.00 が最大）であり教員の印象を裏付けるものでした。また、「授業の進度」や「授業の難易度」の適切さへの評価についてはオンライン授業により低下することも予測されましたが、それぞれ 4.86 と 5.00（それぞれ 5.0 が適切）でした。また、オンライン授業では、一人当たりの課題が多く、授業時間外学習が多すぎて学生たちに負荷がかかることが本学の春学期の教学 IR のアンケートから明らかになっており（関口 2020）、その点が危惧されましたが、本科目に関しては、授業アンケートの結果からは、30 分から 1 時間未満であったことが明らかになり、無理なく毎週の授業の準備が行えたといえます。

しかし、秋学期の振り返りでの学生たちの感想では、専門演習は対面で行うほうがよいという意見が大多数でした。このことは、専門演習とは単に研究方法のスキルを学びグループ実験を実施することだけが目標ではなく、2 年間のゼミ活動の導入授業であることが関連していると考えられます。対面式授業では、授業内で教員へ尋ねる程ではない疑問などを学生同士の会話で解決していく過程において、あるいは、授業内で実験者や参加者になること

で自分のグループ以外の学生達と対面して会話をする過程において交流を深めることができます。しかし、オンライン授業ではそれができなかった点、また、授業外でのグループワークを大学の教室で集まって行えないことにより親睦が深められなかった点などが理由と考えられます。さらにゼミ活動の重要な要素であるゼミ合宿における成果発表会が開催できなかったこと、また上位学年のゼミ生達との対面での交流ができなかったことが残念であったということが明らかになっています。

5　これからの教育に対する展望

　最初に述べたように、本科目は「実験心理学的な研究法を理解し、卒業研究における卒業論文作成のための基礎力を習得することを目的」として開講しています。この目的の達成は、対面授業でもオンライン授業でも同様に行えることが明らかになりました。一方、専門演習Ⅰは2年間のゼミ活動の導入科目であるため、学生たちの様々な交流という観点からは、オンライン授業では不十分でしたが、この点は、交流の場を工夫することで改善の可能性があると考えます。

　しかし、オンライン授業での心理学実験の実施に関しては、表18-1で示したように多くの制約が生じており、たとえ専門演習Ⅰでの到達目標はクリアでき、交流に関して改善ができたとしても、卒業研究Ⅰ・Ⅱにおいて自由なテーマ設定のもと、学生たちが各自心理学実験を実施する場合には不十分であると考えられます。したがって、教員の側としては、心理学実験の実施についてできるだけ自由にかつ厳密なデータ収集（刺激提示コントロールや反応時間の記録など）が可能な方法、例えばリモートでの実験プログラムの導入などを探究し、学生に提示できることが必要です。しかし、たとえそれが可能になったとしても、実験者と実験参加者の学生たちのデバイスが多種多様であるため、統一したデバイスによる実験は不可能であるので、厳密な心理学実験の実施は難しいと考えます。

参考文献

久本博行・関口理久子（2011）『やさしい Excel で心理学実験』，培風館.

関西大学社会学部心理学専攻（2019）『中級心理学実験実習レポート作成チェックリスト』，未刊行.

関口理久子（2020）教育開発支援センターの遠隔授業への取り組み　大学時報，393，46–49.

関口理久子（2021）Web 方式による授業アンケートの報告．関西大学高等教育研究，12：173–176.

清水裕士（2016）フリーの統計分析ソフト HAD：機能の紹介と統計学習・教育，研究実践における利用方法の提案．メディア・情報・コミュニケーション研究，1：59–73.

第19章　教育実習

文学部　若槻健

> **科目**：教育実習（Ⅱ）
> **科目区分**：教育実習生（主に4年生）への直前および事後指導
> **履修者数**：1クラス21名
> **キーワード**：教育実習、模擬授業、ハイブリッド型授業
> **授業方法**：録画配信と課題提示、リアルタイム型のオンライン授業、対面とオンラインのハイブリッド型授業
> **科目紹介**：教育実習（Ⅱ）は、同年度に教育実習を行う学生に対し6時間の直前指導、教育実習を挟み、3時間の事後指導を行います。直前指導では、教育実習で求められる資質、能力をマナーなども含め最終確認し、事後指導では実習先での学びを振り返り、学生間で共有します。教育実習の学びをより豊かにするための科目です。

1　授業目標・授業の特色

　教育実習（Ⅱ）は、同年度に教育実習を行う学生に対し6時間の直前指導、教育実習を挟み、3時間の事後指導を行う合計9時間の授業です。直前指導では、教育実習で求められる資質、能力をマナーなども含め最終確認し、事後指導では実習先での学びを振り返り、クラスで共有します。

　授業の特色としては、その目的が教育実習先での学びを最大化するための直前および、事後指導であるということです。前年度秋学期に「教育実習事前指導」を設置しており、そこで教育実習に必要な知識・技能・態度を幅広く学んでいます。そのうえで本科目の4月から5月前半の直前指導で、多く

が 5 月後半から 7 月前半にかけて行われる教育実習を成功させるための実践的な再確認を行います。教育実習の中心となる模擬授業を多くの受講生が行い、それを題材に討議を行います。時間の都合ですべての受講生が模擬授業を担当できるわけではありませんが、模擬授業を経験・観察することを通じて、「指名・板書・発問」「ペア学習とグループ学習」「予復習・宿題のチェック」「学力差・個に応じた授業」「道徳・人権教育」「学習評価」「ホームルーム」などの視点・テーマに基づいた意見交換を行い、授業を見る目とよりよい授業を行う力を養います。

　同時に服装や言葉遣いなどのマナーといった社会人としてのふるまいについての確認、実習校での人間関係（パワハラ・セクハラ含む）に困った際の対処方法などについても指導を行います。また、近年は、SNS に教育実習の様子をアップしたり、実習校の生徒と連絡先を交換してしまうなどの事例もあり、注意喚起を行っています。いわば実習を「やり切る」ためのノウハウを身に付けるという側面も強く持っています。

　7 月後半からの事後指導では、実習で経験したことを振り返り、受講生で共有することで、経験を深い学びへと結び付けていきます。そして、自分の教員としての資質能力を客観視し、長所を伸ばし、弱点を補強していくことを促しています。

2　授業内容・授業方法

2. 1　従来の授業内容・方法を変更した点

　従来の対面授業では、第 1 回で教育実習の心構えについて、実習先でのトラブル事例を示しながら再確認していました。その後第 2 回から第 5 回にかけて模擬授業を行い、第 6 回で実習に向けた目標と課題の設定を各自行い、教育実習に臨みます。教育実習を挟み、第 7 回から第 9 回は教育実習の報告・振り返りを行うこととしていました。

　コロナ下では、本授業の中心である模擬授業が行えないことが、大きな問題となりました。オンラインでの模擬授業も考えましたが、4 月の段階では

学生側のオンライン環境が整わなかったこともあり、動画配信と課題提示の組み合わせで、2回の授業を行いました。内容としては、従来第1回で取り扱っていた服装や言葉遣いなどのマナーといった社会人としてのふるまいについての確認、実習校での人間関係に困った際の対処方法などです。提示した課題は、実習に臨むにあたって自分の長所、短所を確認し、実習中に「これだけは頑張る」という具体的な目標を立てる、といったものです。

　本学では、教育実習（Ⅱ）を9クラス展開し、主に元校長を中心とした豊かな教職経験を持つ非常勤講師の教員に担当をお願いしているのですが、この時期は授業の進め方について少なくない混乱がありました。遠隔での授業への対応が難しい教員も多くおられ、また大学の技術的な支援も必ずしも十分ではなく、動画配信ではなくLMSに授業レジュメ（教育実習に臨むにあたっての心構えなど）をアップロードし、課題として学生に教育実習に向かう決意を書かせるといった授業が行われました。本科目は、模擬授業が中心となるので、オンラインでは授業が成り立たない、どうしたらいいのかわからないという声も複数の教員から挙げられました。

　第3回、第4回の授業は、模擬授業に代わるものとして、指導案の書き方と、授業のアイデアを豊かにするために思考ツールについて動画で配信しました。各自の実習校、実習科目に応じた指導案・板書計画の作成と思考ツールを活用した授業場面の設定を考えるという課題を課しました。模擬授業は行えないものの、実習で困らないように授業計画をきちんと立てて、ブラッシュアップしておこうという意図です。

　提出された課題については次回の動画の冒頭で、いくつか紹介するとともにコメントを行いました。他の教育実習（Ⅱ）担当の教員の中には、個別にコメントを返信された方もいました。

　学期始まりの2週間が休校となっていたので、第4回を終えたところで日程としては教育実習期間となりました。しかし通常5月から始まる教育実習が延期され、結果的に多くが秋学期以降に実施されることになりました。通常残りの3回は、教育実習の報告・振り返りなのですが、ほとんどの学生が実習を終えていないため、内容の変更を余儀なくされました。

写真 19 - 1　模擬授業の様子

　折りしも 7 月から実習系の科目を中心に対面授業の実施を認めるという大学の方針が出されました。教育実習（Ⅱ）については、対面での模擬授業を行うことへの要望が強く、ほとんどの担当者が残り 3 回の授業を対面での模擬授業に当てました。

　私も対面での模擬授業を計画しましたが、LMS で要望を聞くと、コロナ下での通学には不安があると回答した学生が数名いました。そこで対面で模擬授業を行い、Zoom を利用してリアルタイムでその様子を配信するハイブリッド型の授業を行うことにしました（写真 19 - 1 参照）。希望を募って対面での模擬授業を担当する学生を決め、各回 2 名の学生が 20 分程度の模擬授業を行いました。その後生徒役の学生で 4 ～ 5 名程度のグループをつくり、模擬授業についてよかった点、改善点を中心に意見交流を行いました。Zoom での参加者も毎回 3 ～ 4 名いたので、Zoom 内において意見交流を行いました。グループで出た意見は、全体で交流し、私も適宜コメントを行いました。

　なお、従来行っていた事後指導は、秋学期の「教職実践演習」において、対面で実施しました。教職実践演習は、教育実習を終えた学生が教職課程の「総仕上げ」として履修するもので、教育実習（Ⅱ）と同じクラス分けのため、柔軟に対応することができました。

2.2　工夫した点

(1) 実習先での困難を減らす

　従来の授業でも大切にしていたのが、実習をやり遂げること、そこでの経験を深い学びに結び付けることでした。対面でできなかった前半の授業（動画配信＋課題）でも、それは変わらず、実習先での過去のトラブル事例を取り上げ、何に気を付ければいいかを考えさせるようにしました。また、指導案や板書計画の作成については、一般的なものではなく、学生それぞれが実習時に活用できるようなものをつくるように促しました。さらに、各学生の「困り感」についても課題の中で聞き取りました。実習が行われるのか不安に感じ、今何をすればいいのかわからないといった学生も多くいたので、こまめに実習校と連絡を取ること、担当範囲の教材研究を深めることなど具体的な助言を行い、全体で共有したほうがよいものは、次の回の授業動画で取り上げました。

(2) 複数のカメラを利用して対面とオンラインをつなぐ

　後半の授業では、対面とオンラインをつないだ授業を行いました。模擬授業は、実際に板書をすることが求められるので、Zoom の画面共有ではうまくいきません。そこで、ノート PC 1 台を教卓に置いて模擬授業担当者と黒板が見えるようにし、同時にもう 1 台カメラを用意し（スマートフォンを三脚に立てて使いました）、対面で参加している学生が Zoom に映るようにしました。模擬授業中は教卓に置いた PC のマイクを使い、グループでの意見交流を全体交流するときには全方位指向の会議用マイクを教室の中心に置き対面とオンラインをつなぎました。結果、Zoom での参加者も対面時と大きく変わらない学習環境を確保できたのではないかと考えています。

3　評価方法

　教育実習（Ⅱ）の評価は、実習校での評価と連動しています。直前指導と事後指導で著しく優れていたり、劣っていたりしない限り実習校での評価を尊重しています。今回も課題をきちんとこなし、授業に積極的に参加してい

ることを確認するにとどめました。課題については、実習に向け指導案の準備ができているか、実習に対する目標が具体的にたてられているかなどを評価の観点としました。授業への参加度については、模擬授業を担当した学生には加点するとともに、グループワークの様子を観察し、授業改善につながる発言をしているかどうか、話し合いをまとめようとしているかどうかなどを評価しました。なお、心身の問題で後半の模擬授業（ハイブリッド型）に出席できなかった学生については、その学生に応じて個別の課題を課し、評価物としました。

4　教育者からみた授業の効果・課題

　授業前半の動画配信は、正直苦肉の策でした。ただ、全学生が大きなトラブルもなく教育実習を終えることができたので、教育実習を「乗り切る」のに必要なことは伝えられたのではないかと考えています。ノウハウ的な知識の伝達については、動画配信でコンパクトにまとめることで、むしろ効果は高まったかもしれません。

　一方で、教育実習に行く前の各学生の目標設定や特に頑張りたいことなどは、通常はクラスで発表して、ともに頑張ろうという機運を高めていましたが、今回は課題提出にとどまったため、教育実習に臨む学生の不安感は例年よりも大きかったと思われます。LMS の掲示板機能を使うなどして、学生間の交流を促すこともできたのではないかと、反省しています。

　学期の後半に行った模擬授業については、対面とオンラインを併用しましたが、オンラインの学生にもできるだけ対面に近い学習環境を提供するように工夫できたのではないかと思います。また Zoom 内のグループでの話し合いは、順番に発表する（同時に話せない）ことで、今は発表する（聞く）番だという役割が明確化し、むしろ対面時よりもすべての学生がしっかりと話し、聞くことができたように思います。

5　これからの教育に対する展望

今回のオンライン授業を経験して、特に知識を伝える部分では、必要な事項とそうでないものを精選する必要性を感じました。だらだらと何となく講義するのではなく、本時の学習目標に即して内容を精選し、また授業展開を改善する余地がまだまだあることに気づかされました。このことは、対面授業の改善にもつながっていくと思います。

また、模擬授業のようにできるだけ対面の授業形態に近づける方が望ましい場合でも、工夫次第で対面とオンラインをつなぐことで教育効果を担保することができることもわかりました。さらに小中高の学校現場自体がオンラインでの授業のあり方を模索していますので、これまでの板書を前提とした模擬授業とは別のあり方を考えていくことは今後の課題といえるでしょう。

私のクラスも含め教育実習（Ⅱ）のクラスでは、それぞれ 1、2 名はコロナ下の影響で精神的に厳しくなり、実習に行けるかどうか不安を感じる学生がいました。20 名程度の少人数クラスで、また実習が控えていることからこうした困難を抱えた学生に気づくことができましたが、受講生の多いクラスや講義主体の授業では見つけられなかったかもしれません。結果として学びからドロップアウトしてしまう恐れもあり、授業の中での学生相談のあり方も考えていく余地があるように思います。

第 20 章　映像制作実習

総合情報学部　岡田朋之・長谷海平

> **科目**：制作実習（映像応用）
> **科目区分**：実習科目、2 年次生向け
> **履修者数**：1 クラス最大 40 名
> **キーワード**：映像制作、ドキュメンタリービデオ
> **授業方法**：リアルタイム型のオンライン授業
> **科目紹介**：制作実習（映像応用）は、映像制作に関する実習科目の中で、基礎的な知識と技能を学習済みの 2 年次生を対象とした科目です。目的としては、分業体制によるチームを編成し、テレビ番組を模した作品制作に取り組むなかで、組織化された映像制作の体制のあり方と制作プロセスを学ぶことをめざしています。

1　授業概要と目的

　「制作実習（映像応用）」（以下、「映像応用」と表記）は、2 年次生を対象とした映像制作に関する実習科目です。1 年次生対象の科目「制作実習（映像基礎）」（以下、「映像基礎」と表記）で獲得した知識とスキルを応用し、さらに高度な映像制作について学ぶものです。撮影用のスタジオを用いて生放送形式での収録による 15 分の番組を制作し、協同作業を通じて、映像制作に含まれるフレームワークや諸要素の理解を通じ、映像制作の力を養います。

　テレビ放送等の実際の制作現場では、ディレクター・カメラマン・音声・

制作進行など、役割が明確に分業されたチームを組織し、並行して複数の作業に取り組むことで完成までの作業を効率化するとともに、分業化によって各自の専門性を深めて制作に関与することを通じて、細部から作品全体の質を高めていくようなシステムとなっています。当実習も、本来はそれと同様な形式をなぞることによって、より質の高い映像作品の制作能力育成をめざしています。

2　授業内容・授業方法（準備、手順、実践例）

「映像応用」は生放送形式のテレビ番組制作ワークフローを参考に授業がデザインされています。従来は元 NHK のスタッフが中心となって執筆されたテキスト（鈴木・喜多 2009）に沿って、いわば「NHK メソッド」ともいうべき制作方法から学ぶ実習授業を行ってきました。また当科目を開講するにあたり、総合情報学部では業務用映像制作機器と施設を整備しており、本来ならば学生は学習環境が整えられたスタジオのある高槻キャンパスに登校する必要があります。しかし、COVID-19 に対する予防的措置として関西大学では 2020 年度春学期に開講予定であった全ての授業をオンライン化する方針となり「映像応用」も、この状況に合わせて授業形態を全面的に再デザインする必要に迫られました。

当科目は実習であることからオンライン化するにあたり、3 つの問題が存在しました。①教具、②学習目的、③グループワークです。これらの課題の詳細と対応は以下のとおりです。

①教具

当実習では映像制作の体験を軸として授業内容が構成されているため、実施には教具としてビデオカメラなどの映像制作機器を必要とします。しかし、授業のオンライン化によって当実習で用意していた教具を使うことができなくなりました。解決策の一つとして最初に本学から郵送などによる教材の貸し出しを行い、従来と変わらない実習を行う方法を検討したものの、実

際には採用しませんでした。その理由は複数あり、主たる要因として対面式の当実習では業務用機器を教具として用意していましたが、それらの一つ一つは大型で操作や配線が複雑であることからセットアップが難しく、学生が家庭で容易に扱える対象ではないことが挙げられます。

　教具としての機器を貸し出しできない条件の下で、映像制作を通じた授業をオンラインで再構築するには、学生の環境にあるものを利用する手法が最善の策であると判断しました。そこでオンライン授業としての開講に向け、学生の受講環境について調査を行いました。その結果、ほぼ全ての学生が動画撮影可能なカメラ（スマートフォンを含む）を扱える状況にあること、3分の1程度の学生は動画編集可能なスペックのパソコンを所有していることがわかりました。この調査結果をふまえ、学生の自宅にあるものを教具として用いる前提で授業の再構成を行いました。

②学習目的

　「映像応用」は実習科目「映像基礎」（1年次対象科目）の受講が前提となっており、それぞれの科目は文字どおり応用と基礎の関係にあります。

　「映像基礎」の内容は、個人ないし少人数で課題に取り組み、映像制作の実践を通じて、映像コンテンツ構築に必要な機材を扱う際の基礎知識を獲得することを目的として構成されています。制作環境はいわゆる一般的な大学生活の範囲に収まるものであり、機材も民生向けに市販されているものを用いています。

　「映像応用」では「映像基礎」で獲得した基礎知識を応用し、より高度な映像制作能力を身につけることを主たる目的としています。15～20名を1グループとして、「映像基礎」から発展させた学習の、環境（撮影に特化したスタジオ）・教具（業務用機器）・条件（生放送形式番組の完成）の下、獲得済みの基礎知識を応用して課題制作に取り組むことを通じ、より高度な映像制作能力の獲得をめざします。

　しかし、オンラインでは対面授業として準備していた諸要素を用いることができず、「映像応用」の学習目的を達成する上で必要な環境・教具・条件

を全面的に変更した上で再構築しなければならなくなりました。

　この問題について、当実習ではコロナ禍に見られるテレビのあり方を参考にしました。2020 年の 4 月頃、テレビ番組では以前の番組の再放送が目立っていました。この状況が生み出された理由として、直接的にはコロナ禍による緊急事態宣言の発令下で、従来の方法による番組制作では感染防止の対応ができないため、ほとんどの制作活動が停止されてしまったことが挙げられます。この課題に番組制作者側が迅速な対応ができない状況がしばらく続いていました。

　しかしながら、感染防止のための厳しい制約のもとでも、映像作品の制作活動を継続あるいは再開しようという動きは様々なところで始まっていました。例えばリモート制作の試みとしては、『カメラを止めるな！リモート大作戦！』の制作と配信のような形態が早くから取り組まれていましたし（PRONEWS, 2020）、テレビ CM の制作でも出演者にスマートフォンでの自撮りを依頼して 100 名近い高校生の映像を集めてつくられた清涼飲料水の作品が新しい試みとして大きな反響を呼んでいました（日本マーケティング研究所、2020）。

　また、当授業の発展編として 3 年次生配当で開講されている「制作実習（映像プロフェッショナル）」では、担当講師として米国の大学院で映像制作を学んだテレビディレクターの方を招いて授業を担当していただいている。そこで、その教員に、大学院時代以来の知り合いである米国の同業者がどのようにドキュメンタリー制作を行っているのか、現状を尋ねてみました。それによると、日本よりもはるかに厳しいロックダウンが実施されているニューヨークなどでは、制作者がビデオムービーを医療従事者に預けて、取材対象者自身に撮影してもらうような制作方法が取り入れられているとのことでした。

　こうした状況をヒントとして、当実習では「映像応用」を構成する条件として、生放送形式の番組制作を取りやめ、学生はコロナ禍に現れた映像制作に関する問題を解決しなければならない、という課題に意図的に取り組むよう変更しました。これにより未解決の課題に対して「映像基礎」で得た知識

を応用し、解決に取り組む構造を実習内に織り込むことを通じて、従来の
「映像応用」と同一ではないものの同等の学習目的を達成する状況を設定す
ることができました。

　そして、学生に対する課題はコロナ禍の状況を映像としてドキュメントす
るものとしました。提出物は具体的な現象を記録するもののみではなく、コ
ロナ禍における感情の発露をストーリーによって再現して映像化するものな
ど、ドキュメントに対する多様な解釈と映像形式も認めました。これは緊急
事態宣言が発令され外出の自粛が強く求められた状況下で取材活動が極めて
制限されていたためです。コロナ禍の学生は、一次情報へあたり、その現場
を収録することは制作環境的に難しく、実質上極限に狭められた生活圏内の
みでしか取材できない制約があります。適切な取材が容易ではないことが明
らかな状態で、信頼できるデータから構成される、いわゆるドキュメンタ
リー映像作品のみを課題とすることは、「映像基礎」の知識を前提とする授
業の課題として適切と考えにくかったのです。

　このように、学習目的を達成させるために対面授業の「映像応用」の構成
要素を再検証し、それらの要因を再構成しました。

③グループワーク

　対面授業の「映像応用」では、映像制作に特化したスタジオでの収録を前
提としていたため、ひとつのグループを 15 ～ 20 人程度で編成して課題の制
作に取り組んでいました。スタジオでの映像制作には多くの専門機器が必要
となることから、分業する役割の数も多くなります。それぞれの役割の間を
調整・統括した上で制作を行うためには、一定以上の人数が必要となるため
です。しかし、オンライン化した「映像応用」ではスタジオや業務用機器を
用いないことから、もっと少ない人数でのグループ編成が可能になります。
オンライン化した「映像応用」では 3 ～ 4 人を 1 グループとし、監督・編
集・音声を分担し、撮影はグループの全員で行うようにしました。グループ
を少人数にした理由はふたつあります。ひとつ目は未知の状況下で課題を解
決するには、臨機応変に対応できる高い機動力が必要な機会も多いことが想

定され、身動きしやすい少人数グループの方がよいと考えられたためです。もうひとつは、筆者がそれまで行ってきたオンライン（Zoom）によるグループワークでは、人数が多ければ多いほど発言をしない者が増える傾向にあった経験が影響しています。オンラインでは 1 グループあたりの人数が多いほど、積極的に参加しない／しづらい学生の割合が高まる傾向が見られ、フリーライダーが増える恐れがあるとともに、その存在を発見しにくくなります。適切な授業運営を行う上での不安要素を少しでも排除するため、オンライン化した「映像応用」のグループワークは少人数で取り組む形式を採用しました。

・授業計画

　通常、関西大学では 1 学期あたり 1 科目は 15 回で実施します。しかし、2020 年度春学期の「映像応用」は、コロナ禍の影響により全 13 回での実施となりました。実施内容は以下のとおりで、すべてリアルタイムかつオンライン形式で行われました。

第 1 回　本実習の進め方、アイスブレイク、ZOOM の使い方など
第 2 回〜第 4 回　企画会議・脚本等制作
第 5 回〜第 6 回　中間報告。学生の立てた企画に対するフィードバック
第 7 回〜第 8 回　制作
第 9 回〜第 10 回　中間報告。制作の進捗状況確認と制作内容に対するフィードバック
第 11 回〜第 12 回　制作
第 13 回　講評

　第 1 回では「映像応用」がオンライン化することや、その手法などについて学生に対して説明しました。また、オンライン上のグループディスカッションに慣れてもらうことや、学習環境がオンライン化に対応できていない学生に対する大学からのサポートの案内などを行いました。課題制作への取

り組みは第2回以降となります。

　対面授業では学生が教員の前で制作に取り組んでいるため適宜指導を行うことができますが、オンラインでは進捗状況の把握が容易ではありません。加えて、学生同士で他の班が取り組んでいる内容や進捗状況などを相互に参照することができないため、刺激を受けにくいといえます。これらの問題に対し、中間報告の機会を多くして学生と教員の交流時間を増やすように心がけました。そして、学生同士で刺激を与えあう目的で、授業の最初と終わりに進捗状況を報告しあう時間を設けました。

3　評価方法

　課題の成果物として多様な映像作品が提出されました。例えば、学校教育のオンライン化を扱ったドキュメンタリー作品、コロナ禍の現状について調査結果をまとめて報告する報道番組的作品、学生が経験した事実に基づくドラマ作品などがありました。

　最終課題に対する評価としては、教員およびティーチング・アシスタントやスタジオ施設のサポートスタッフによる採点と学生同士のピアレビューを従来と同様に行いました。

　成績は最終課題に対する評価に加え、出席点などの平常点、中間成果物に対する評価を加味しました。

　オンライン化した「映像応用」ではコロナ禍という制限された環境をクリアして課題に取り組めたか否かが評価上重要な項目となります。しかし、いずれの作品も状況に対して適切に対応と工夫をして制作が行われていたため、いずれの班も同一の評価となり、実質的に本項目では加点／減点がない状態となりました。そのため、最終成果物に対する評価基準は結果として「〈映像基礎〉で得た知識を応用して〈映像応用〉にふさわしい作品を制作できたか」の観点が軸となりました。この評価手法では、映像を制作する際に重要な企画・撮影・演出・美術・音声・編集を軸とした評価の観点を設け、それらをまとめた総合的な評価を行います。撮影の評価を例にすると、「映

像基礎」では被写体を収録する上で、画面の水平が取れていることなど基本的な技術について評価します。「映像応用」では、「映像基礎」で獲得済みの知識を前提として何のためにそのような撮影が行われているのか、つまり収録された画面構成に企画に沿った意図が込められていることが評価点となります。

　学生が取り組んだピアレビューの項目も同様になっています。ただし、ピアレビュー結果は成績評価を確定させる際には重視しませんでした。当実習のピアレビューは芸術教育で述べられるところの鑑賞教育とほぼ同じ目的で実施しているためです。他者の表現を分析的に鑑賞することや、自分の作品を客観的に捉えることを通じ、学生自身の表現力を高めることを主たる目的としており、ピアレビューを通じた評価行為はそのきっかけに過ぎないからです。また、学生同士の評価結果を成績に反映させるスタイルは、学生による組織票によって成績が確定することを教員が容認している構造となり、評価の健全性が疑わしいものになってしまいます。より適正な評価方法を担保するためにも学生同士のピアレビューは、あくまで参考程度の扱いにしています。

4　教育者からみた授業の効果・課題・学生の声等

　学生からの授業評価は良好であり、アンケート項目「総合的に判断して、この授業は意義のあるものでしたか」についての回答を平均すると 5 点満点中で平均 4.71 点、「この授業について意欲的に取り組みましたか」に対しては平均 4.86 点を得られました。これらの結果から、自律的で意欲的な学習体験を提供できたと考えられます。

　しかしながら、対面形式と比較した場合、オンライン化した実習は授業の質が高まったとはいいきれません。オンライン形式の授業は、そのインターフェイスがコンテンツや言語を用いたコミュニケーションに特化し、実習授業で教員が扱う学生とのコミュニケーション手段を全て網羅していないためです。担当者の実感としては、本来できたはずの指導ができていないのでは

ないかという疑念も残ります。少なくとも、学生の言語化できない戸惑いや躓きを拾えたという手応えはありません。例えば、対面形式の実習であれば学生の機材操作中に見られる所作から学習上のトラブルに気づくことがよくあります。しかしながら、オンライン授業で使うツールではそうした学生からの非言語的なサインをどこで見出せばよいかわからず、授業運営に支障をきたすこともありました。

　また、制作の企画や構成を考えていくグループワークをおこなう場を構築するツールも、対面状況に比べるとまだまだ及ばない点が多いといえます。例えばホワイトボード、模造紙、付箋紙などに代わるツールをどうするかという問題です。これは少人数のグループワークを実施する授業でオンライン化する際に共通する課題ともいえるでしょう。

　「映像応用」が具体的な知識の伝達のみを重視することを目的とするタイプの授業であれば、その学習内容をオンラインコンテンツ化することで効果的な授業スタイルを見出すことができたかもしれません。しかし、今回の実習で用いたオンラインミーティングのサービス「Zoom」やそれに類するインターフェイスを持つ手段は、映像制作を通じて学生が獲得済みの知識を応用し、より高度な知識を獲得していくスタイルの実習に対してはまだ最適化されていなかったといえます。

　以上のように、今回の取り組みによって学生の満足度が高く適切な学習目的を達成できる、オンライン形式による実習授業の可能性を示すことができました。しかし、よりオンラインに最適化した授業を行うには教員の自助努力だけでは限界があり、ツールに対する精査が求められるとともに、さらなる技術環境の発展を待たなければならない状況も浮かび上がりました。

5　今後の映像制作への展望

　今回のコロナ禍では、感染予防の対策として放送業界での番組制作のあり方について大きな見なおしが迫られました。これについては日本民間放送連盟が 2020 年 5 月 13 日に発表した「番組制作における新型コロナウイルス感

染予防対策の留意事項」に項目が立てられていますし（日本民間放送連盟
2020）、放送局のスタジオ現場で行われた手順や人員の配置、使用機材の管
理などの具体的な方法も紹介されています（湯面他 2020）。それらを踏まえ
たテレビの番組制作がその後も進められており、2020 年度秋学期以降の「映
像応用」も、おおむねこれらの放送制作現場の状況を参考にしつつ、スタジ
オ等での授業を対面で行っています。

　ただ、制作プロセスの変化は、テレビ番組の内容に少なからぬ影響を与え
ている面もあるようです。例えばテレビ批評の太田省一は、バラエティ番組
におけるリモート出演の増加は、コミュニケーションのフラット化をもたら
し、出演者の上下関係に依存してその頂点に立つ MC が番組を回すひな壇
番組のようなスタイルから、MC がゆるく関係性を繋いでいくようなスタイ
ルへと移行しつつあると述べています。またドラマのリモート制作化によっ
て、カメラは固定化せざるを得ないことから、俳優の大きな動きが求められ
るようになり、俳優側のアイディアや工夫、ひいては主導権が増すことで、
そのなかに「演者の時代」への兆しが見出せるともいいます（太田 2020 :
16）。

　一方、リモート制作化の拡大に伴う自撮り映像の多用は、近年のデジタル
メディアの革新、とりわけスマートフォンとソーシャルネットワーキング
サービス（SNS）の普及に伴なった映像経験や映像実践の変容が、より一般
化してきたことの表れとも位置づけられるでしょう。若者たちを中心とし
た、視覚メディアによるコミュニケーションを担う Instagram、TikTok な
どで見られる映像は、目でとらえられた「まなざしの映像」ではなく、「手
の延長」すなわちスマートフォンを持つ手で被写体が切り取られるような
「ふれる映像」なのだという議論があります（金 2019）。そこで切り取られ
る現実としての映像経験の中には、撮る側自身の身体も最初から入り込んで
いて、そこにあるのはドキュメンタリー映像における「見る側としての制作
者・視聴者／見られる側としての取材対象者」という関係ではもはやありま
せん。それはまた、「映像の客観性／主観性」という次元とも異なるもので
す。

　また、そうしたコロナ禍以後の映像制作の実践は、ある面ではデジタル・ストーリーテリングによる実践の形態に近づいているともいえます。デジタル・ストーリーテリングとは、「人々がワークショップに集まって、身近な出来事や思いを語りあいながら簡易な映像を創り、その映像を使ってコミュニケーションを開いていくというきわめてシンプルなメディア実践活動」（小川 2016：17）と定義され、それらの映像作品は、おもに静止画からなる構成映像と、当事者自身が書いた台本による自身の声のナレーションから構成されます。そこでは映像の客観性や中立性よりも、当事者視点の語りが重要視されますが、プロフェッショナルな制作者によらないそうした映像は、ファシリテーターとの対話と協働作業の中で紡ぎ出されていくものとなっています。小川明子は、こうした実践が異質な他者との出会いや理解をもたらしたり、コミュニティの活性化につながっていったりする事例を紹介しています（同：62-65）。

　このように、コロナ禍によって取材活動が大きく制約されるようになった状況の下で試みられている映像実践は、映像制作業界のあり方を大きく変えつつある一方、近年のデジタルメディアの変革のなかで若者たちがすでに経験している日常的な映像実践や、そのほかの新しい映像実践の試みと性格を同じくする流れが波及してきたといえるのかもしれません。

　「映像応用」などの実習授業とは別に、筆者の一人である岡田がゼミナールによる演習で行っているビデオ制作指導のもとでは、2019 年度秋学期から 2020 年度にかけての制作実践で、従来型のドキュメンタリーとは少し異なる、作り手自身の姿も織り込みながら撮影・編集していく作品を作り上げました（関西大学総合情報学部岡田ゼミ・ドキュメンタリー班 2020）。制作途上でコロナ禍による中断を迫られ、そのまま制作を断念することもチーム内では考えたようですが、リモート制作に切り替え、取材対象者からの映像提供やビデオミーティングの映像を用いてなんとか完成にこぎつけました。この作品はビデオコンクールでも入選を果たし（東京ビデオフェスティバル 2021 アワード受賞）、審査員からも一定の評価を得ることができましたが（NPO 市民がつくる TVF 2021）、このことは図らずもオンライン制作の可

能性を立証することにもなりました。

　こうした点を踏まえると、コロナ禍での変更を迫られた実習の授業形態は、メディア・テクノロジーや社会の変容に伴う映像制作過程の変化を受けとめた側面もあったことが再認識できます。それゆえ、COVID-19 のパンデミックが終息すれば従前に戻していってよいとはいいきれません。むしろ、さらなる映像コンテンツ制作環境の変化を見据えた授業設計が今後も求められていることは間違いないといえるでしょう。

参考文献

関西大学総合情報学部岡田ゼミ・ドキュメンタリー班（2020）等身大学生〜等身大×大学生の成長日記〜，https://youtu.be/3P-LESdwzjI（Accessed，2021.01.30）

金暻和（2019）「触覚的写真——モバイル・スクリーンの人類学」．光岡寿郎・大久保遼編『スクリーン・スタディーズ——デジタル時代の映像／メディア経験』，東京大学出版会，pp.249-268

日本マーケティング研究所（2020）みんなで集まれない今だから…ＣＭ制作の常識を変えたポカリスエット．営業力開発，234：6-7

日本民間放送連盟（2020）番組制作における新型コロナウイルス感染予防対策の留意事項，https://www.j-ba.or.jp/category/broadcasting/jba103834（Accessed 2021.01.10）

NPO 市民がつくる TVF（2021）東京ビデオフェスティバル 2021 フォーラム　セッション 1 コロナとともに，https://youtu.be/E0HoP10EYpA（Accessed 2021.03.14）

小川明子（2016）『デジタル・ストーリーテリング——声なき想いに物語を』，リベルタ出版

太田省一（2020）「テレビ番組と視聴者はどう変わるか」．『民放』，2020 年 7 月号，pp.14-17

PRONEWS（2020）短編映画「カメラを止めるな！リモート大作戦！」完全リモートで制作決定，https://www.pronews.jp/news/202004131300152939.html（Accessed 2021.01.30）

鈴木誠一郎，喜多千草（2009）『映像制作入門——見せることへのファーストステップ』，ナカニシヤ出版

湯面由香里，木塚裕紀，山岸弘隆（2020）「コロナ禍における番組制作で工夫したこと」．『放送技術』，2020 年 10 月号，pp.70-73

システム理工学部　米津大吾

科目：電気電子情報工学実験1・2
科目区分：必修科目、実験、2年生向け
履修者数：それぞれ106名、109名
キーワード：基礎理論の体得、計測技術の習得、データの処理・解析、
テクニカルライティング
授業方法：オンデマンド＋リアルタイム型のオンライン授業
科目紹介：電気電子情報工学実験1・2は2年次必修科目として、学生に
とっては電気工学・電子工学・通信工学・情報工学に関する初めての実
験科目です。学生は実際の物理現象を観察することにより基礎となる原
理や理論などに対する理解を深めます。また、実験結果を適切に処理・
解析し、得られた知見を伝達するための適切な報告書の作成方法を身に
付けます。

1　授業目標・授業の特色

　電気電子情報工学科の2年次必修科目として開講されている「電気電子情
報工学実験1・2」は、学生のほとんどが初めて手を動かして実験装置を組
み立て、起こる物理現象を観察する機会になります。本科目では実験装置の
組み立て方法や測定器の適切な使用方法、得られた実験データの適切な処理
方法と解析方法を身に付けること、実験において得られた知見を十分に伝達
するスキルを身に付けることが目標です。また、これまでに学んだ理論が成
立しない範囲があること、物理量（例えば、電流1A）が大きい値か小さい

値かということを実感することも目標です。

　本授業の特色は、本来であれば 5 ～ 6 名によるグループワークとして実験装置の組み立て・測定、得られた結果について分析・考察した内容のプレゼンテーションを実施すること、当該科目を履修した大学院生をティーチングアシスタントとして 2 ～ 3 名配置し、実験装置の組み立てのサポートにあたることにあります（これによって、大学院生のスキル向上にもつながっています）。

2　授業内容・授業方法

2. 1　従来の授業内容・方法を変更した点

　本科目は、講義科目やプログラミング科目にない、①実験装置の組み立て・測定技術の習得、②得られた実験結果に対する分析や考察、③これらの取り組みの報告をレポートやプレゼンテーションにより行う機会として従来は実施していました。

　しかし、コロナ下において授業開始が 2 週間遅れたことやオンライン形式による実施となったことから学生に上記①～③をすべて実施させることは難しいと判断し、以下のように対応することにしました。

①について学生に実施させることは対面形式で実施可能になるまで待つしかなく、それまでは動画、あるいは写真を多く使って実験装置の組み立てや測定の様子を見せることを考えました。

②については教職員が用意したオンライン教材や実験結果を学生に提供することで従来と同様に学生が実施できると考えられました。

③についてはレポートの提出やその講評については LMS を使うことで従来と同様に対応できると考えられました。しかし、プレゼンテーションをZoom などにより実施することは春学期初頭のタイミングでは学生のみならず教職員のオンライン対応のスキルが乏しかったこと、ネットワーク接続が不安定になる可能性が考えられたことや秋学期の実験科目時に実施できる可能性があることが考えられたため、実施しませんでした。

2. 2　工夫した点

(1) 実験の様子を動画や写真をふんだんに使った資料を提供

　本科目は、実験装置（電気・電子回路）で起こる物理現象を観測すること
が重要項目の1つであります。そこで、その物理現象をなるべく学生に見せ
るためにポイントとなる場面を動画や写真にしました。その一例が写真
21-1です。この写真の動画では、電気は目に見えないと一般的にいわれて
いますが、オシロスコープという計測器で観測できることや操作方法を伝え
ています。また、教科書に登場する電気・電子回路の図と実際の回路、部品
の回路記号と実際の部品の違いが分かるように説明資料中に写真を多く使う
ように工夫しました。その一例が写真21-2です。この写真では電気・電子
回路でよく使われる抵抗器やダイオードの回路記号と実際の部品との対応が
分かるようになっています。なお、教員からの説明の多くは動画やZoomで
行われ、補足の説明にはLMSの掲示板が使われました。

(2) LMS や Zoom による学生からの質問受付

　従来の場合には教科書をよく読まないと実験装置の組み立て方がわからな
くなっているため、個人差はあるものの学生に教科書を読ませることができ
ていました。しかし、コロナ下においては学生が実験装置を組み立てる必要
はないため、教科書を読まずにいきなりレポートに取り掛かろうとすること

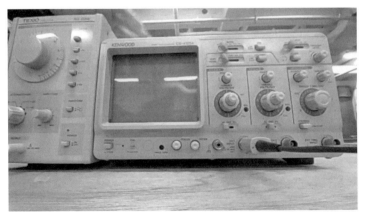

写真 21-1　計測器で電圧波形を観測している様子を示す動画教材

213

実験2　　　ダイオードの特性試験と整流回路

1.3　実験の方法
1.3.1　シリコンダイオード
　　　　（順方向）

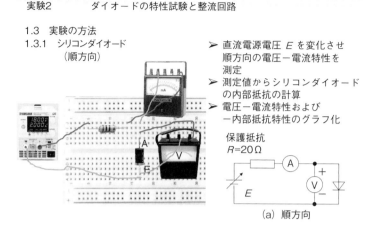

➤ 直流電源電圧 *E* を変化させ
　順方向の電圧－電流特性を
　測定
➤ 測定値からシリコンダイオード
　の内部抵抗の計算
➤ 電圧－電流特性および
　－内部抵抗特性のグラフ化

保護抵抗
R=20Ω

(a)　順方向

写真 21 - 2　実際の電子回路と回路図・電子部品と回路記号の違いが分かる説明資料

が考えられました。そこで、曜限中に学生に教科書や上記（1）のように用
意したオンライン教材を視聴させ、その後で必ず 1 つは質問させるようにし
ました。学生から受けた質問は曜限中に回答するように担当教職員は努めま
した。

（3）週ごとに提出させたレポートへの講評の実施

　従来は各実験テーマ（全 5 テーマ）ともに 1 週目：実験装置の組み立てと
実験（測定）の実施、2 週目：レポートの作成・提出という形式で実施し、
提出の翌週に担当教員から作成したレポートの講評が行われていました。こ
の方式では、実験の目的、方法、実験結果、実験結果に対する考察、実験に
関連した演習問題が含まれたレポートを担当教員が実験装置の組み立てや測
定の指導の合間に確認した結果を講評する形であり、細かいところまで指摘
できない可能性がありました。コロナ下においては、教科書や（1）に紹介
したオンライン教材の視聴、教職員が用意した実験結果からレポートを作成
する部分のみの実施となったことから、レポート作成をきめ細かく指導する
ように努めました。

　具体的には、1 週目〜 2 週目の開始までに学生にレポートの実験の目的、
方法、実験結果の部分を提出させ、2 週目の曜限内に担当教員が確認し、そ

の講評内容を学生個々に LMS から連絡しました。1 週目の講評では、表やグラフ、図の書き方が正しいか、文章が「である調」になっているかなどの書式に関するものが中心になります。

　レポートの実験結果に対する考察、実験に関連した演習問題は 2 週目の23 時 59 分までに提出させましたが、2 週目の曜限内に学生からの質問を受け付けました。2 週目の講評では、従来もそうですが、考えや解答が正しいかどうかよりも「論理的に考えることができているか」を評価しています。考察内容の多くは、実験結果と理論の違いが生じた場合に何が原因か、それぞれの原因がどの程度影響を与えるかを考えるものであり、多くの学生にとって初めての経験かもしれません。また、実際には原因や影響の程度はわからないものです。そこで、正解は誰にもわからないものであり、自由な発想で考えさせるように指導しました。

3　評価方法

　従来の対面授業の評価対象は、実験への出席・態度、レポート、プレゼンテーションでした。コロナ下では、プレゼンテーション以外を従来通りに評価しました（プレゼンテーションがない分、レポートの評価の割合を増やしました）。

4　教育者からみた授業の効果・課題

　実験科目という性質上、学生に最も身に付けさせたい組み立て・測定技術を身に付けさせることは十分にはできませんでしたが、以下の点は従来よりも効果があったと考えられます。また、併せて課題も紹介します。

　①学生には教科書やオンライン教材を視聴した後に実験内容に関して必ず質問させるようにしたことで、学生が従来よりも知識や興味が増したと考えられました。質問内容が「使われている部品はメーカーによって特性が違うことがインターネットを調べて分かりましたが、実験ではいずれのメーカー

の部品を使っていますか」、「銅線と鉄心が変圧器に用いられることは何となく知っていましたが、銅と鉄の損失が起こることに、それぞれの金属の性質が関わっているのでしょうか。」といった従来の実験時には出なかった専門性の高いものがありました。従来の実験では「次は何をどうしたらよいか」という質問がほとんどでした。

　ただし、「レポートをどの程度書けばよいですか。」や「間違って書いたところを修正液で消してよいですか。」などの実験内容に関するもの以外の単位修得への影響を気にする様な質問もあり、質問させたねらいが十分に伝わらなかった学生もいたことが課題です。

　②本科目には他大学・高専の教員経験者や企業での実務経験者である非常勤教員が多く担当していることにより、従来からも実務的な観点の説明も交えて実験指導が行われています。コロナ下ではこのような説明がオンライン教材の中に組み込まれていることで学生にも資料として手元に残せる形になっています。

　③レポートの提出を 2 週に分けて設定したことや実際の実験対応の時間がないことで、レポートの不備を従来よりも細かく、どのように改善したらよいかを連絡できました。

　ただし、LMS からの連絡（文章）のみでは、なかなか意思疎通がうまくいかず、何度かやり取りした学生がいたことが課題です。

　④特別補講期間（学生を登校させて対面形式で授業することが認められた期間）に 3 密を避けて最も基礎的な実験を企画した結果、1 人 1 組の実験装置を用意することができ、学生個々に実験装置を確実に操作させることができました。従来であれば 2 人、本格的な実験では 5 ～ 6 人で 1 組の実験装置を扱うため、中には実験装置に触れない学生もいました。

　ただし、課題は、本格的な実験を実施させることができなかったことです。

5　これからの教育に対する展望

　今回のオンライン授業を経験して、今後もオンライン授業として実施するようなことになれば、学生からの質問受付やレポートの講評などは Zoom などを使って口頭で行うようにした方が良いと意思疎通の観点から感じました。

　また、本科目の性質上、今後も同様な状況になっても、学生に手を動かして実験装置を組み立て、測定を行う機会を設けるように努める必要があると強く感じました。特別補講期間に行った実験を楽しみにしていた学生は多くいました。ほとんどの学生が対面形式で参加してくれましたが、通学に不安を感じた学生に対しては、Zoom を使って教員が学生の指示に合わせて実験装置を操作することで少しだけですが実験の雰囲気を味わってもらうことができました。

付記

　電気電子情報工学実験1、電気電子情報工学実験2の春学期対応（オンライン対応）の実施方法の検討から実施に至るまで協力頂いた電気電子情報工学科専任教職員、非常勤先生方に深謝する。

第22章　大学院社会人学び直しプログラムにおける反転授業

会計研究科　柴健次

科目：海外ビジネスマネジメント講座「海外経営のための企業会計入門」
科目区分：「実践基礎教育プログラム」⇒「専門教育プログラム」⇒「実践応用教育プログラム」と構成されたうちの「専門教育プログラム」科目
履修者数：1クラス8名
キーワード：会計、国際会計、グローバル会計、異文化会計（異文化対応）
授業方法：リアルタイム型のオンライン授業（反転授業）と事前ビデオ（事前課題）・事後課題
科目紹介：上級会計の内容を経営の日常の事例で説明することにより、学習時間に制約のある履修生の関心にフォーカスして「大人の教育」を実践する「企業会計入門」の講義です。履修生の事前の会計知識に極端な差があることから、海外進出で出くわす問題を取り上げることにより、入門から積み上げる学習時間を一気に短縮する講義です。

1　2020年の緊急対応

　2020年は新型コロナ（COVID-19）が世界中で猛威を振るったことから、関西大学においても感染拡大防止の観点から緊急の対応が迫られることになりました。春学期（前期）の教育・学習に関しては遠隔授業を強いられることになりました。表22−1は筆者の担当する講義科目がコロナ以前とコロナ下（以後）でどう変化したかを示しています。本稿を執筆中の秋学期（後

表 22-1　筆者が関与する講義の教育・学習形態

			コロナ以前			コロナ期		
			非同期	同期	非同期	非同期	同期	非同期
	課程	授業形態	事前	授業	事後	事前	授業	事後
大学院	社会人学び直し講座	講義	LMS	対面	LMS	LMS	対面	LMS
	会計専門職大学院	論文指導	—	対面	Dropbox	—	Zoom	Dropbox
		講義	—	対面	CEAS 等	LMS	Zoom	LMS
学部	経済学部等	ゼミ	—	対面	Dropbox	—	Zoom	Dropbox
		講義	—	対面	CEAS 等	LMS	Zoom	LMS

期)においては原則として対面授業が行われていますが、学生が授業を受けられない場合もあり講義録画の配信など特別な配慮も求められています。

　大学教員は短時日のうちに遠隔授業の技術に習熟することが余儀なくされました。コロナ以前にも LMS（関大 LMS と CEAS）は利用可能でありましたし、リモート会議システム（Zoom 等）への関心もありました。しかし、春学期直前に、関大 LMS と Zoom の併用による授業が既定路線となったのです。数週間も経過すると、教育環境の激変にも慣れ、教員は教育の効果を考え始めました。筆者に関していえば、大学院社会人学び直しプログラムにおける反転授業の授業設計の卓越性を確認することになったのです。

2　社会人学び直しの授業設計

2.1　関西大学の社会人学び直し

　関西大学の社会人学び直しプログラム（略称）は、文部科学省の 2014 年度から 2016 年度までの 3 年間「成長分野等における中核的人材養成等の戦略的推進事業」に採択された関西大学の取り組み「海外子会社の経営を担う人材を育成する大学院教育プログラム」です。文部科学省の事業の終了後、2017 年度から現在までこの取り組みが継続中です。2016 年度秋に初めて履修証明書を発行して以来、現在第 6 期の履修生が学習しています。

2. 2　海外経営のための企業会計入門の位置づけ

　2020 年度の関西大学社会人学び直しプログラムでは、実践基礎教育プログラム 7 科目 26 コマ、専門基礎教育プログラム 13 科目 50 コマ、実践応用教育プログラム 7 科目 28 コマ、テーマスタディ 1 科目 4 コマの合計 28 科目108 コマ（162 時間）が開講されています。このうち、会計系の科目としては「海外経営のための企業会計入門」、「海外経営のための管理会計」、「海外経営と国際租税法」、「海外経営のための会計情報の利用」の 4 科目が設置されており、いずれも関西大学会計専門職大学院の教員が担当しています。このうち「海外経営のための企業会計入門」は会計の学習経験がない履修生か、会社における経理職の経験がない履修生が大半を占めることを考慮して、財務会計ではなく企業会計の入門として設計されています。

2. 3　教育効果を引き出す反転授業

　社会人学び直しプログラムの授業設計の特徴は、①履修者、教師、オフィス（事務職員による運営・支援体制）の 3 者の密度の濃い連携を前提として、②関大 LMS をフル活用して同期型学習と非同期型学習を併用したブレンディッド型学習環境を実現している点にあります（表 22-2）。

　筆者は表 22-1 にあるように会計専門職大学院の講義と経済学部等の講義も担当しています。そして必要に応じて関西大学の「授業支援」も受けています。しかし、この「授業支援」は社会人学び直しプログラムのようにオフィスが履修者一人一人の学習状況を把握する「学習支援」までには至っておらず、教員それぞれにクラス運営が任されているのです。

　表 22-2 をモデル化したのが図 22-1「構造化された学習環境」です。履修者は教授者とオフィスに対して自らの学習上の問題をいつでも相談できます。教授者は教化主義より構成主義を重視して履修者の学習を支援します。オフィスは履修者と教授者の仲介役を果たし、同時に 1 人 1 人の学習管理を行います。コロナ以前では履修者数は 15・16 名、コロナの最中は 8 名と減りましたが、彼らの学習意欲はとても高いのです。

　社会人学び直しオフィスは履修生の人数も限られているため、きめ細かい

表 22-2　ブレンディッド型学習を支援する「社会人学び直しプログラム」

時間的な学習の流れ	1　事前学習	2　授業	3　事後学習
学習時間	非同期型学習	同期型学習 （90分4回）	非同期型学習
単独学習	必須：事前ビデオ（オンデマンド）視聴	原則対面授業　Zoom授業も併用（リアルタイム反転授業）	任意：授業録画（オンデマンド）視聴（欠席対応等）
課題	科目による：事前課題	授業内の質疑応答	必須：事後課題
成績評価	多くの科目は50％以上の出席（100％を求める科目もあり）、事前課題・出席・事後課題で評価する（その中心は事後課題）。		
グループ学習	任意：事前課題提出後の自発的討論	大方の科目：授業内におけるグループ討論（Zoomではブレークアウトセッション）	任意：事後課題提出後の自発的討論
物的学習支援	LMSを基本とし、反転授業は専用教室で実施（授業録画、教材提示、移動式・前方壁のホワイトボード、移動式机）		
人的学習支援	オフィス（授業設計の専門家と事務・事務補助を配置）による常時対応。科目によっては授業補助者を置く。		
基本型以外の配慮	講演会形式のテーマ研究科目やCoilを使用した外国在住の卒業生との対話		
学習支援	履修生同志の強い結び付き、オフィスによる全履修者の学習状況把握		

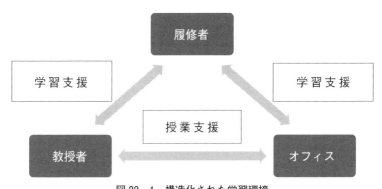

図 22-1　構造化された学習環境

対応が可能となります。加えて、履修生相互のきずなが強くなり、互いに学習を助け合う空気が生まれているのです。学部にも授業支援オフィスが設置されていますが、これは基本的に教授者に対する支援であって、3万人弱の学生の一人一人の学習を日常的に把握することは難しいのです。また、学習支援のための仕組みも構築されていますが、この授業支援と学習支援が授業科目ごとに連動しているわけではありません。

　そこで、図22-1に示したモデルを多人数の環境にあっても機能させることができるか否かが学習効果を上げるカギとなるのです。

3　大学院・学部の科目の例

　社会人学び直しプログラム以外の担当科目の対応は表22-3のとおりです。大学院・学部は4月8日に例年通り開講（形式的開講、全科目第1週・第2週を原則休講）しました。そこで、実質的には4月21日よりZoomとLMSにより一斉に開講されたのです。以上の措置により他大学が悩んでいた開講時期の判断を回避できたというわけです。

　筆者は「寺子屋」授業（あるいは家庭教師）を理想としていたため、かえってコロナ下におけるリアルタイムのZoom授業によってその理想に近づいたかもしれません。顔出しNGを禁止してZoomで講義をしていたため、常に学生と対面でき、平常時以上に話ができて効果が出たように思うのです。具体的には、①教室だと教師の視覚範囲が限定されがちなのに対してZoomではギャラリービューで等距離に見えるため参加意識が高まるようです。そのため、②予想以上に発言を引き出しやすかったのかもしれません。そして、③ブレークアウト機能を利用したグループ討議も事前の予想以上に盛り上がったわけです。つまり、教室における学生との距離がZoomによって縮まったといえるかもしれません。

　すべての科目が少人数のため、コロナ以前から、論理の追求を徹底するための質問法（ソクラテックメソッド）を用いており、学生が分かるまで素朴な疑問を繰り返すのです。この手法に関して、Zoomは支障にならなかった

表 22-3　学部・大学院科目におけるコロナ対応

	春学期	秋学期
会計大学院科目	会計制度論 負債・資本会計論 企業マネジメントと会計 論文指導（入門）	公会計 論文指導（基礎）
経済学部科目	ゼミ 4（卒論指導）	ゼミ 5（卒論指導）
全学共通科目	教養ゼミ「ビジネス言語に強くなる」	教養ゼミ「ビジネス言語に強くなる」
コロナ対応	原則 Zoom で対応。ただし、大学院科目（論文指導以外）の第1週・第2週は録画配信。	原則対面授業。ただし、授業に参加できない旨を申し出、許可された者には講義担当者が個別に授業録画動画を配信。

のです。オンデマンド映像を視聴させるだけではソクラテックメソッドを適用できないため、寺子屋教育も実現しないと思うのです。

4　コロナ下の会計教育

　筆者は会計専門職大学院の会計教育は専門教育として構成し、学部および大学院社会人学び直しの会計教育はリテラシー教育として構成してきました。しかし、コロナの感染拡大とその回避という予期せぬ事態に見舞われた現在、何が変わり、何が変わらないのか考えてみる必要があります。

4.1　コロナ下で変わった会計教育

　社会人学び直しのための先進的学習環境が、緊急避難的対応を含めてすべての科目の学習に必要だということが確認されました。すでに指摘したブレンディッド学習環境の教育効果が確認されたのです。すなわち、学習者とは常に LMS を通じて連絡が可能となり、学習者からの日常的に生ずる悩みや質問に対応することが可能になったのです。学習環境を構成する技術は会計教育の本質を変えないのですが、コロナという現象が、会計教育の対象を提

供したのです。いわゆる感染拡大防止、3 密回避のためビジネスの縮小が余儀なくされる中、経営の巧拙が明確になったのです。つまり会計教育の対象であるビジネスの激変という社会現象が出現したわけです。ビジネスの停止ないし会社の倒産という現象がある一方で、ビジネスの拡大が可能となった会社があるという事実が生きた教材として生まれてきたわけなのです。

4. 2　コロナ下（後）でも変わらない会計教育

　もっとも根源的な問いは会計を必要とする社会と会計を必要としない社会があるということを徹底することかもしれないと思います。会計を必要とする社会は、計算する、測る社会でもあります。多くの国の社会はこちらに属するわけです。これらの国々では何を会計するのか、計算するのか、測るのか、なぜそうする必要があるのかを明らかにすることが最も重要です。

　しかし、教育上、このことが往々にして忘れがちとなるのです。我々が構築している社会との関係を無視した会計教育は技術論に傾きやすいのです。その結果、会計学習もまた技術習得に傾きやすいのです。会計技術の習得は必要なのですが、正解のある問題を解くことが直ちに社会における会計の存在を理解することにつながらないのです。会計の問題が「できる」という能力と、会計の社会的意義を「分かる」ということは違うのです。専門教育にしろ、リテラシー教育にしろ、教養教育にしろ、往々にして忘れられがちな会計の社会的存在を分かるための教育が必要であるのです。その意味でもコロナ下（以後）でも変わらない会計教育があるのです。

参考文献

関西大学（2015）『海外子会社の経営を担う人材を育成する大学院教育プログラム 2014（平成 26）年度成果報告書』
関西大学（2016）『海外子会社の経営を担う人材を育成する大学院教育プログラム 2015（平成 27）年度成果報告書』
関西大学（2017）『海外子会社の経営を担う人材を育成する大学院教育プログラム 2016（平成 28）年度成果報告書』
大阪大学全学教育推進機構教育学習支援部サイバーメディアセンター（2020）オンラ

イン授業実践ガイド，大阪大学全学教育推進機構教育学習支援部，https://
www.tlsc.osaka-u.ac.jp/project/onlinelecture/（Accessed 2020. 11. 15）
柴健次，岩﨑千晶「大人の教育としての「大学院社会人学び直し」の位置づけ―社会
人を対象とした学び直し大学院に対する事例研究―」『会計教育研究』8：68-74

第 3 部

まとめ

第 23 章　これからの大学におけるオンライン授業・学習支援環境のデザイン

教育推進部　岩﨑千晶

　第 23 章では、教員による様々な教育実践 18 事例をもとに、リスク社会に対応し、大学生の学びを育むオンライン授業で求められる授業方法や評価についての配慮すべき点、学生に対して配慮すべき点を取り上げます。

　授業設計を行う上では、「教育目標・学習のゴール」「教育方法（内容）・学習活動」「評価方法・フィードバック」のバランスを考えますが、オンラインの場合は学生に向けた「学習のゴール、学習活動、フィードバック」をより重視する必要があるといえるでしょう。オンラインでは教員が学生の様子を掴みにくい場合もあり、対面の授業以上に学生の学習活動に配慮し、学びを育むための授業や学生へのケアを考える必要があるからです。教育実践 18 事例を振り返りながら、具体的にどのようにすればよいのかを考えていきましょう。

①多人数講義におけるフィードバックを行う

　多人数講義は、システムの制約等でリアルタイム型授業の実施が難しく、オンデマンド型で実施する場合も多いと考えます。オンデマンド型授業の場合は、講義映像に加えて、小テストやレポートなどを実施して、学生が講義映像から何を学ぶことができたのかを学生自身が確認できる学習活動を導入することや、それに対して教員がフィードバックをすることが重要になります。なぜなら、講義内容を習得できたかどうかを自分自身で判断することが難しい学生もいるからです。ただし、学生数が多い場合は、教員が学生の意

見に対し個別にフィードバックをしたり、記述式のテストの採点を毎回実施したりするのが困難な場合もあります。第5章の中澤先生は、ご自身で作られたテキストを活用して、授業外に予習として基礎的な内容を学ぶ機会を設け、学んだ内容を理解できているのかを確認するためにLMSで予習テストをしています。260名のテスト結果をLMSで自動採点することで、即時のフィードバックが可能になっています。授業では予習で取り上げた基本的な内容をもとに、応用的な内容を扱うようにし、授業後にはLMSで復習テストを課すことで、学生が自分で学習成果を確認できます。このように、受講生が多い授業の場合はLMSでの自動採点機能を活用して予習や復習テストを実施する方法や、授業内容に即した教科書を教員自身で作成し、学生の自学自習を補う方法も考えられるでしょう。また中澤先生も実施されているように、テストだけでは解決できないテーマについて学生が議論できる場がLMSに設けられると、さらによいといえるでしょう。しかし、教員が一人で対応するには限界がありますので、TAを導入できる環境がある場合は、学生の議論のファシリテートや質疑応答への対応に協力を得ることも考えてみてはいかがでしょうか。

②「導入・展開・まとめ」でまとまりをもたせた教材、学生の気持ちに共感し、学生のケアに配慮した教材を作成する

授業の進め方の基本形は、「導入・展開・まとめ」となります。リアルタイム型・オンデマンド型・資料提示型であっても、「導入・展開・まとめ」を意識して、1回の授業としてまとまりをもったオンライン授業を心掛けるとよいでしょう。第8章の池内先生は資料提示型の授業でありながらも、資料の中に「導入・展開・まとめ」をうまく取り入れた授業を実施されていました。学生に提示する内容が資料だけになってしまうと、学生の読解力の差などから、内容の理解にも差が出るという懸念があります。しかし、資料作成の方法によっては、学生の理解を深められる方法もあり得ると考えます。

またオンライン授業では、学生同士でちょっとしたおしゃべりをすることが難しいという状況があります。オンラインでは「先生の指示はこういうこ

とかな？」「これは難しいね。わかる？」と隣の席に聞く友人に気軽に尋ねることができません。授業内容を理解できないのは自分だけだと思うと、学生は焦って不安な気持ちになるでしょう。資料提示型授業の時は、資料の読解が学生にゆだねられるのでなおさらです。

　そこで、第 8 章の池内先生は、学生に共感することを重視した資料提示型のオンライン授業をされました。資料では、学生役の犬のキャラクターが「授業内容が難しい！」と学生の気持ちを代弁してくれます。また授業のポイントや配慮すべき点がどこにあるのかを学生に伝える教員役の猫のキャラクターが、学生をリードしてくれます。「難しかった」という言葉を発する学生役の犬のキャラクターがいることは、教員も難しい内容であることを理解しているというメッセージを学生に伝えることにもなります。こうした言葉に、安心して授業を受ける気持ちになった学生も多かったのではないでしょうか。また、授業には資料以外に授業内容を理解できているのかを確認するテストや感想を書く場も用意されており、その結果をもとに池内先生がビデオでフィードバックもされていました。オンライン授業では、学生のケアが対面の授業よりもより強く求められます。資料提示型であってもその点への配慮は必要になるでしょう。

③学生の気づきを待ち、質疑応答から対話へと誘う

　オンライン授業の講義映像や資料は、教員から一方向的に授業内容を提示することが多くなります。そのため、学生に考えてほしいポイントも教員から提示することになりがちです。結果として、教員がすべての情報を提供することにより、学生の気づきや考えを深めるための機会が減ってしまう可能性もあります。そこで、第 7 章の石橋先生は、学生に気づいてほしい点について講義映像ではあえて触れず、その後の質疑応答で学生から意見が出るのを待つスタイルをとられました。学生からの意見を待つことで、次第に、政治学としてのポイントを踏まえた質問が出るようになり、自分の意見を記述する学生も出てきたことが述べられています。質疑応答が続き、意見交換へと発展することも見受けられました。

　オンデマンド型や資料提示型の授業では、教員が伝えたいことすべてを学生に伝えるのではなく、学生の気づきを待って、それにフィードバックすることで学生の考える機会を確保し、深化につなげることも必要になるといえるでしょう。

④学生の理解度や関心を把握する

　教員は対面授業の際に、学生の様子を見て、授業で取り上げる内容や学習活動の微調整をしています。例えば、学生の関心が高そうであればじっくりとその話題について深めますが、関心が低そうであれば話す内容を変えたりすることもあります。学生の集中力がなくなってきたと判断した場合、教員が講義を一旦やめ、学生同士の意見交換や演習を取り入れたりすることもあります。また学生に問いかけをして、学生のうなずきを確認して、授業を進めることもあります。このような調整を通して、教員は学生の理解度を確認したり、学生の集中力やモチベーションを高めたりしようとしています。しかし、リアルタイム型の授業でも学生がカメラをオフにしていると、教員が学生の様子を把握することが難しい場合があります。そのような状況を回避するために、第 9 章の脇田先生は学生有志にビデオカメラをオンにするという協力を得て、数名の学生のうなずきや表情を確認しながら授業を進めていました。数名の学生であっても、ビデオカメラをオンにすることで学生の反応を確認できるため、教員は学生の理解度や関心を把握しながら授業ができそうです。

⑤学習過程のサポートをするための手順表を作成する

　オンライン授業では大学が推奨するシステムを利用することがほとんどですが、教員によっては授業目標の達成に適したフリーのシステムやアプリケーションを利用する場合もあります。学生は複数の科目を履修していますので、授業ごとに利用するシステムが異なると、どういった手順で学習を進めればよいのか混乱することも考えられます。森田先生（第 11 章）山崎先生（第 14 章）植木先生（第 15 章）古川先生（第 16 章）らは、学生がどう

いった手順で学んでいけばよいのかがわかる学習の手順表や授業で何をするのかがわかる予告動画等を作成し、学生のたどるべき学習過程をわかりやすく提示していました。加えて森田先生は、短い時間に区切った講義映像を数本用意し、講義映像にもとづく学習課題を提供するなど、学生が無理なく学べるような工夫もされていました。学習の仕方を支援することは様々な科目を受講している学生に配慮した取り組みであったといえます。

⑥安心して話せる環境づくり・ラポールを形成する

リアルタイム型授業では、カメラをオンにして、自分の顔を出して授業に参加することを望まない学生もいます。安心して参加できない環境の場合、自分の顔を出すことが難しいのです。第 17 章の池田先生は、安心して意見を言い合う環境と関係性をつくりあげるために、学生が自己紹介をする動画を作成し、共有し合うという取り組みをされていました。また第 15 章の植木先生は学生同士が緊張感を持たずに授業に挑むことができるようなアイスブレイクと、英語でイラストを説明するという授業内容に関連する学習活動（ウォームアップアクティビティ）を導入されました。学習者同士の関係性ができると、学生はカメラをオンにして、自分の意見を遠慮せずに伝えることができるようになります。本音が言えると学生同士の議論や授業内容への理解も深まるといえるでしょう。

赤堀（2020）は、学生が学んでいくためには安心して発言し、行動できる環境が重要だと指摘しています。安心して発言できる環境が構築されると、自分の本音や挑戦ができるのです。オンライン授業であっても学生が安心して話せる環境や場づくりのためには、上記のような工夫が必要になります。学生の学習成果に対する教員によるフィードバックにおいても同様のことがいえます。学生が安心して次のステップに進むために、学生にどのような声掛けをするのがよいのかを検討しながら、教員は授業を進めていくことが望ましいといえそうです。

⑦テストから評価方法を転換する

　FD研修会を実施した際に、外国語科目の担当教員から多数寄せられた質問に「単語の習得や作文の小テストをどうしたらよいか？」というものがありました。オンラインになると残念ながら解答が共有されてしまう可能性があるからです。こうした課題に対して、第14章の山崎先生は評価方法を転換することの重要性を説いています。山崎先生は学生の学びを深める学習課題の設定に工夫することを実施されています。また課題の成果を学生が自分で判断できるための評価ツールとしてルーブリックも提供しています。

　授業目標としている力が達成できたのかを判断する方法はテストだけではなく、レポートや口頭発表など様々な方法があります。到達して欲しいと考える目標に応じて、テスト以外の評価手法を採用することもぜひ検討してみてください。コロナ下の北米では、成績を段階別に区分けするのではなく、合格（Pass）か否か（Fail）型へと転換する措置を採用している大学もありました（森2020）。評定をどう判断するのかについて、今後検討することも必要になるでしょう。

　また、北米のライス大学は授業外に学習活動（書籍を読む、レポートを書くなど）にどの程度の分量（内容の難しさ、読む目的：調査、理解等）を、どの程度の能力を持った学生（平均的な学生等を選ぶことができる）に課すことで、どの程度の授業外学習の時間が必要になるのかを見積もることができるアプリケーションを開発し、運用していました。学生の課題が同じ期間に集中しないような配慮もまた必要になるでしょう。

⑧どの学生も参加できる環境づくりをする

　大学では講義以外に実験や実習があります。例えば、統計ソフトであるSPSSを使って心理学の実験を行ったり、コンピュータグラフィックス（CG）のソフトを使ってCG実習をしたりします。しかし、これらのソフトは高額であったり、PCの容量を必要とするため自宅で利用できない場合もあります。第18章の関口先生は心理学実験において、フリーで利用できるソフトを学生が自宅のPCにインストールできるようにし、どの学生も同じ授業に

参加できる環境づくりを支援されました。

　第 20 章の岡田先生と長谷先生は映像制作をする実習のため、動画を撮影できるカメラや編集ソフトを扱える PC があるのかを事前に調査され、自宅にあるものを活用できるように授業を再設計されました。

　また第 19 章の若槻先生は、教育実習の事前指導はオンデマンド型授業で講義を配信されていましたが、学生による模擬授業は教室での実施が望ましいと考え、対面で行われました。しかし、教室に出向くことに不安を抱える学生もいたため、教室で模擬授業をする学生と、その様子を自宅にいる学生に配信するハイフレックス型授業を行われました。様々な状況を抱える学生に対応するための工夫がされていました。

　オンライン授業では、学習者が同じ環境で学べることが望ましいため、自宅にあるもの・フリーのソフト・アプリケーションを活用すること、場合によってはハイフレックス型で学生が安心して授業を受けられる環境づくりも必要になるでしょう。フリーのソフトやアプリケーションは、学習者によっては操作面で不安を抱える場合もありますので、TA を導入するなどして支援ができるとさらによいでしょう。

⑨ネット環境が悪い学生、入国できない留学生へのケアをする

　オンライン授業では、ネットワーク環境が悪いなどハード面の課題があり、学生が講義映像を視聴できない場合もあります。そのため、第 6 章の久保田先生のように、課題やクイズに取り組む期間に余裕を持たせて実施することにも配慮する必要があります。エラーで回答できないことも考えられますので、複数回回答できる機会を設けることも検討しておきましょう。また久保田先生の授業には日本に入国できていない留学生もいました。授業設計をする際に、時差も考慮し、留学生の生活リズムにも配慮する必要があります。

⑩教材開発・授業設計、授業支援をチームですすめる

　実験でさまざまな装置を使いながら授業を進める必要がある場合は、教員が一人で短期間に講義映像を制作することは容易ではありません。可能であ

れば、複数の教員が関わり、意見交換を交わしながら教材制作に携わることも必要だと考えます。第 21 章の米津先生は、急なオンラインでの実験の授業設計を教員らで相談しながら再設計し、実験の様子を紹介する講義映像を同学科の教員らで協力をしながら制作しました。

　また第 22 章の柴先生は、履修生全員が社会人である学び直しプログラムにおいて、オフィス（事務）の担当者がメンターとして学習者の履修状況を管理したり、時には励ましたりすることで学習支援が成り立っていると指摘しています。社会人である受講生がオフィスのサポートを得ることで、授業を履修し、課題を着実にこなし、学位プログラムを得ている様子が見受けられました。授業は教員一人で担当するという考え方から、チームティーチングで学生の学びを支えていくことも今後より重要な教育方法になると考えられます。

⑪学生スタッフを導入する

　オンライン授業での講義映像や資料の提示では、どうしても一方向的な授業になりがちです。そのため、教員は学生の理解度を確認するために小テストを実施したり、学生が電子掲示板で意見交換をしたりする機会が導入されていました。こうした学習活動には、学生の活動や成果に対する教員からのフィードバックが欠かせません。例えば、第 6 章の久保田先生のクラスに参加していた TA や LA は、掲示板に投稿された学生の意見に対してコメントを整理したり、学生からの質疑に対応したりしていました。

　また第 12 章の三浦先生、第 13 章の岩﨑の授業は、グループワークを取り入れたオンライン授業でした。教員一人では各グループのきめ細かな支援が難しい場合がありますが、LA の協力を得ることで各グループにおいて手厚い学習支援が行えていました。質の高い学習支援を行うには、事前に LA と打ち合わせをしたり、LA の教育をしたりすることも欠かせませんが、学生スタッフの支援を取り入れて、学生同士の双方向性を導入した授業を実施することは、学生が主体的に学ぶ機会を確保することにもつながり、重要だといえるでしょう。

⑫学生の前提条件に応じた柔軟な授業を設計する

　大学は定期的にカリキュラムの見直しを行っています。カリキュラムの変更に伴い、学生が学ぶ内容や学習時間が多少異なる場合もあります。こうしたカリキュラムの切り替えにともない、場合によっては1つのクラスに現カリキュラムと旧カリキュラムを履修している学生が混在する場合もあります。第10章の倉田先生は、現カリキュラムと旧カリキュラムを受講している学生の前提条件（これまでに学んでいる内容）は異なっていたため、各カリキュラムを履修している学生に向けて、オンデマンド型授業とリアルタイム型授業（個別相談）を実施されました。1つの科目で2つのスタイルを併用しながら進めていくことは大変なご苦労を伴われたものだと推察しますが、学習者の前提条件に応じて教員が柔軟に対応していくことは、授業設計を行う上で重要だといえます。こうした授業をサポートできる支援を大学側が提供していくことが必要になるでしょう。

⑬留学をとめないためのオンライン国際学習を実現する

　学生の学びを深めるための重要な学習活動の一つに留学がありますが、コロナ下では学生が留学に行くことが難しくなりました。留学に行くことを楽しみにしていた学生は残念な思いを抱えていたことでしょう。しかし第17章の池田先生はオンラインでの留学プログラムを実施されています。オンライン授業の実施は、空間を飛び越えることができます。海外の学生と直接触れ合うことや海外の文化に浸ることは難しいですが、ネットワークを介して、海外の学生と意見交換をしたり、共同して調査活動をしたりすることは可能です。またゲストスピーカーとして様々な国の方に参加してもらうこともできますし、費用負担も少ないという利点があります。リアルタイムで実施する場合は時差はあると思いますが、実際に海外に行くまでの期間に、オンライン留学を提供することで学生の「留学したい」というモチベーションを保ち、さらにモチベーションを向上できるように配慮したいものです。

⑭置かれた状況に対して柔軟に対応する姿勢を醸成する

　オンライン授業をする環境、状況は各大学や授業によって異なっており、必ずしも教員の思いどおりの環境で授業することができるとは限りません。しかし、今は大学で提供されているシステム以外にも無償で利用できるシステムは様々あります。第 3 章の小柳先生や第 6 章の久保田先生はMentimeter といった、無償のツールを扱って、学生の声を吸い上げ、フィードバックを行っていました。大学で新しいシステムを全学的に導入することは容易ではありませんが、教員が授業に適したシステムを個別に利用することはできます。ただし、操作が複雑になると学習者が混乱する可能性がありますので、配慮は必要です。

　またリアルタイム型のオンライン授業をしたいと希望していても、学生の通信状況が悪いようであれば、オンデマンド型授業にならざるを得ません。また留学生が日本に入国していない場合は、時差の都合もあり、リアルタイム型で授業をすることが難しい場合もあります。しかし、どのような状況であっても、受講生に不利益が生じないように、その時々の状況を見極めて、授業の目標を達成する方法を選択し、柔軟に対応する姿勢が求められます。これまでの授業のスタイルを変更することは教員にとって勇気がいることですが、リスク社会に対応していくにはこれまであたりまえであったことを変更し、弾力的に対応する力も求められるといえるでしょう。

⑮双方向性を重視し、人と人とのつながりを育む

　人がいかに学んでいくのかについては、人から知識を伝えてもらうことによって学ぶ知識伝達主義や、人と人が対話することによって知識を構成していく知識構成主義の考え方があります。オンライン授業では、オンデマンド型や資料提示型で知識を習得することに偏りがちになってしまわないのかが懸念されるところです。人が学ぶためには、学生同士で意見を話し合ったり、その結果について教員がフィードバックコメントをし、そこから学習者がさらに考えたりする、いわゆる知識構成型の学びが重要だと考えます。資料提示型であっても、オンデマンド型であっても、学生が考えることによっ

て知の精緻化をどう促すのかや、学生同士の議論による知の構成をどう取り入れるのかについても、これまで紹介した事例をもとにぜひ検討してみてください。

またオンライン授業に反対する意見の中に、オンラインでは友人と会う機会がなくなり、友人とのやり取りが減ってしまうことを問題として挙げる声があります。大学は授業をするだけの場所ではありません。友達や先輩と話し合ったり、課外活動をしたりすることが大学生活にとっての大きな意味を持っています。しかし、これらを授業と同じ位置づけにすると、対面での授業をせざるを得ません。何をオンラインとし、何を対面とするのかをある程度切り分けて、考えていくことも必要になるでしょう。

⑯カリキュラム単位で学びをデザインする

それぞれの授業目標を達成はもちろんのことですが、学生はカリキュラムで学んでいます。カリキュラムの中で、学生がどのような方法で学んでいるのかに配慮したり、シラバスに教育方法を提示し、学生が自ら選択したりすることが必要になるでしょう。今後、大学でオンライン授業をどう推進していくのかに関しては、カリキュラムマネジメントを行い、個別の科目ではなく、カリキュラム単位でどのような授業を構成していくのかを検討する必要があるでしょう。また学習者自身がシラバスを確認して、自分の目標を達成するためにはどのような科目を取得するべきかを判断する力もより一層求められるでしょう。

⑰ラーニングアナリティクス、オープンバッジといった新しい仕組みを試行的に導入する

学習を支えるシステムはどんどん進化します。九州大学ではラーニングアナリティクスセンターを設置しており、学生の LMS やデジタル教科書へのアクセスログを分析し、その結果をもとに教育改善に活かす取り組みを実施しています。古川ほか（2020）は、授業、成績、教材、LMS 等のシステムのデータといった教育データを分析し、教員や学習者にフィードバックをす

ることによる効果を提示しています。学習者にとっては、学習の記録を残し、振り返ることができること、自分に適した学習ができるというメリットがあります。加えて教員にとっては、学生の分析されたデータを見ることで、ひとりひとりにきめ細かな支援ができること、成績に関して根拠ある説明ができることが示されています（古川ほか 2020）。

　また、海外ではオープンバッジシステムも導入されています。オープンバッジとは、バッジの画像に学習成果に関する情報を埋め込む仕様のことを指します。バッジの画像をクリックすると、コースの説明や取得条件が提示されます。日本では 2019 年に一般財団法人オープンバッジ・ネットワークが設立されています。学習の成果をオープンバッジとして可視化することで、改ざんや偽造を防ぎ信頼性の高い証明書を発行できることや、従来のように認定書を送付する必要がなくなるので、コストを削減することにもつながります（山田ほか 2020）。また、バッジはメールの署名や SNS で提示することができるため、学習者が学んだ内容や取得条件を容易に提示することが可能です。

　このような新しい仕組みを全学的に導入するにはハードルが高いと思われますが、プログラムや学部・学科単位で試行的に導入、検討していく必要があると考えます。

⑱オンライン授業をする教員・学生を支援する

　オンライン授業を推進するためには、システムの構築といったハード面での支援に加えて、学生からの利用相談を受け付けたり、教員からの操作や授業設計に関する相談に対応したりするソフト面での支援も求められます。

　加えて大学が組織として、学生・教員・職員が一丸となってオンライン授業を推進することを前向きに捉え、それを支持する文化やコミュニティが必要になります。それぞれの立場において、否定的な考えや文化があると、オンライン授業の推進は難しいといえるでしょう。学生が目標を達成する、学生の学びを深める、学生の学びを支えることに向かって、各立場に配慮し、寄り添って活動を推進しようとする態度が求められるでしょう。

　本著では教員が学生の学びを育むためにどのようなオンライン授業を実施してきたのかに着目し、その授業デザインを読み解きました。2020年度は急ごしらえのオンライン授業ではありましたが、各教員が工夫して、一定の学習効果を上げることができていたと考えます。ただし、授業目標によってはオンラインではその達成が難しく、対面授業が必要な科目についても明らかになってきました。

　今後は、オンライン授業と対面授業を併用する形で授業を進める大学と、もとの対面授業を継続する大学が存在することになると考えますが、学生の学びを育むためにはどの方法が望ましいのかを各大学が大学の理念やディプロマポリシーに則ってカリキュラムマネジメントをしていくことになるでしょう。そして学生が自分にとって必要な力を培うためにオンライン授業、対面授業を自ら選択することも求められるでしょう。

　そして、大学教員に限らず、初等教育、中等教育の先生方も、オンライン授業に取り組む機会が増えると考えます。学習者の学びを育むためにぜひオンライン授業に挑戦してください。きっと新しい教育の可能性を感じられるはずです。

参考文献

赤堀侃司（2020）『オンライン学習・授業のデザインと実践』，ジャムハウス

古川雅子，山地一禎，緒方広明，木實新一，財部恵子（2020）『情報研シリーズ23　学びの羅針盤：ラーニングアナリティクス』，丸善ライブラリー

森利枝（2020）「アメリカで起こったこと」．『IDE 現代の高等教育』，2020年8-9月号，pp.48-52

Linda, B. Nilson, Ludwika A. Goodson（2017）Online Teaching At Its Best. Jossey-Bass

一般財団法人オープンバッジ・ネットワーク　https://www.openbadge.or.jp/（Accessed 2021. 03. 20）

山田恒夫（2020）『デジタルバッジ　能力を認定するための画期的システム』，インプレス R&D

おわりに

　このおわりにを書いている時期は 2021 年 3 月の下旬であり、世界は今な
お COVID-19 によるいわゆる「コロナ禍」に見舞われています。ちょうど 1
年前の 3 月には、関西大学でも様々な対応・対策を余儀なくされ、特に
2020 年度春学期の遠隔授業をどのように設計し進めていくのかは、教職員
一同が皆心配し、そのための対応に翻弄されている時期でした。教育推進部
の山本敏幸先生、三浦真琴先生、岩﨑千晶先生が中心となり、教育開発支援
センター事務局の職員と私たち教員が一丸となり、関西大学の遠隔授業への
サポートを開始したのもちょうど 1 年ほど前からでした。そして、夏休みを
迎えた頃、関西大学での春学期の先生方や学生たちの様子を、関西大学教育
開発支援センターニューズレター特別号（2020 年 8 月発刊）にて広く皆様
に周知することができました。この中で多くの方々からご指摘があったよう
に、「ポストコロナ」時代の大学教育のあり方が今問われているように思い
ます。そして「ポストコロナ」時代の大学教育のあり方を考えるためには、
2020 年度の遠隔授業に否応なく放り込まれた私たち教員がどのように自分
の担当授業を運営していったのか、そして学生たちはその授業をどのように
受講し学んだのか、その検証を行い、そこから出発することが必要だと思い
ます。

　本書では、多くの先生方から執筆をいただきました。第 1 部の「オンライ
ン授業の設計に関する概論」では、ご専門の立場の先生方に執筆していただ
きました。第 2 部の「大学におけるオンライン授業のデザイン」では、関西
大学の学部・大学院での実践例をご報告いただきました。本書の企画をされ

た岩﨑千晶先生の企画意図は、コロナ禍に見舞われながらそれを乗り越えるだけでなく、うまく取り込んで共生する大学教育のあり方を提示したいとのことでしたが、本書を読んでいただければそれが成功していることがうかがえると思います。

　最後に、少しだけ私の経験を書かせていただきます。2020年度の春・秋学期を通じて、本書に書かれた3年次生だけでなく、就活や卒業研究作成を進める4年次生のゼミでも何度も難しい対応を迫られました。2020年度3月の卒業式で、18名の卒業生を私のゼミ生として送り出しました際に、学部代表として答辞を読み上げたゼミ生から、計画していた卒業研究がコロナ禍によりできなくなり、計画変更を強いられ呆然としていた際に、教員だけでなくゼミの仲間たちと幾度となく議論を重ねる中で、当初の研究テーマに比べより納得のいく卒業研究を形づくることができ、そのことが大学生活で得たかけがえのない宝物であると伝えられました。こちらとしては春学期中いつもZoomでゼミを行い、秋学期は対面授業ではあっても制約の多い中での実験や調査しかできず、卒業生として送り出せただけでもほっとしていたので、この言葉は本当に嬉しく、心に響きました。この1年を通じて、私自身がなんとか乗り越えてこられたのは、関西大学の同僚の先生方や職員のみなさん、そして、なによりも学生たちの協力のおかげと思います。コロナ禍を乗り越え、共生し、よりよい大学教育を実現するためには、人とのつながりを育成することもまた必要ではないかと思っています。

2021年3月末日

関西大学教育開発支援センター長・社会学部

関口理久子

索引

A-Z

e-Learning … 41

FD … 23, 57–63, 67, 68, 234

Institutional Research … 21

LA … 35, 36, 81, 82, 126, 127, 130, 134, 136–139, 236

LMS … 8, 9, 12, 19, 20, 22, 25, 27–33, 42, 48–51, 53, 58–60, 62, 64, 74–77, 81–84, 87, 89–92, 96, 97, 104, 105, 114–116, 119, 122, 127, 135, 136, 142, 143, 146, 153–156, 162, 165, 181, 182, 193, 194, 196, 212, 213, 215, 216, 220–224, 230, 239

MOOC … 41

SA … 12, 66

TA … 12, 35, 36, 58, 81, 82, 230, 235, 236

あ

アイスブレイク … 17, 28, 35, 134, 135, 171, 172, 204, 233

アカデミックライティング … 26, 35, 64, 65, 67

アクセスログ … 81, 239

アクティブラーニング … 5, 8, 10, 12, 21, 22, 74

アセスメント … 42, 43, 54

アドミッション・ポリシー … 26

ARCSモデル … 27

インストラクショナルデザイン … 22, 27, 38

インフォーマルな活動 … 13, 16

ウェブ会議システム … 7, 9, 12

英語教育 … 152

映像視聴 … 19, 82, 83

映像制作 … 19, 199–203, 207, 209, 210, 235

遠隔教育 … 4–6, 10, 15, 17, 27

オンデマンド型 … 7, 11, 12, 20, 29, 30, 33, 37, 38, 66, 73, 75, 77, 79, 82, 84–88, 91, 102, 109, 111, 113, 116, 117, 119, 229, 230, 232, 235, 237, 238

オンライン授業 … 4–12, 14, 15, 19–22, 28–31, 33, 34, 36–39, 41, 42, 47–55, 57–62, 64, 66–68, 73–78, 87, 95–97, 99, 102–104, 106, 108, 111, 113, 115, 116, 120, 121, 123, 125–127, 129–131, 133–136, 138, 139, 141, 144–147, 151–154, 156–158, 161–166, 169, 179, 181–183, 187, 188, 191, 197, 199, 201, 207, 211, 217, 219, 229–233, 235–241

オンライン留学 … 237

オンライン試験 … 51

オンライン国際教育 … 169

オープンバッジ … 239, 240

か

外国語教育 … 61

概念的知識 … 45, 51

学習活動 … 4, 13, 22, 28, 30, 31, 33, 34, 46–48, 54, 135, 171, 229, 232–234, 236, 237

学習環境 … 9, 15, 195, 196, 200, 204, 221, 222, 224

学習支援 … 22, 30, 57, 62–64, 67, 133, 134, 221–223, 236

学習支援環境 … 22

学習のゴール … 22, 229

学習の評価力 … 46

学習評価 … 44, 47, 50, 61, 192

学生スタッフ … 12, 57, 134, 236

カリキュラム … 4, 9, 12, 13, 20, 21, 26, 38, 46, 57, 85, 111–115, 121, 124, 139, 152, 158, 175, 237, 239, 241

カリキュラムマップ … 21

カリキュラム・ポリシー … 26

機械翻訳 … 147–149

GIGAスクール … 15

9教授事象 … 30

教育方法 … 19, 21, 22, 24, 25, 29, 36, 39, 41, 60, 61, 135, 137, 139, 152, 166, 229,

236, 239
教育実習 … 191–197, 235
教育内容 … 26, 27
共同エージェンシー … 55
教養教育 … 73, 78, 225
グループプレゼンテーション … 133, 135, 136, 138
グループワーク … 4, 5, 10, 15, 34, 35, 54, 60, 61, 80, 81, 84, 125–131, 134–136, 138, 162, 163, 165, 174, 179, 181–183, 187, 188, 196, 200, 203, 204, 207, 212, 236
ケア … 37–39, 229–231, 235
形成的評価 … 46, 48, 50, 52
講義動画 … 30, 75, 77, 119, 120, 122, 123, 162
コモンズ … 5, 10, 89

さ

3 ポリシー … 25, 26
事実的知識 … 45, 51
質疑応答 … 127, 135, 155, 222, 230, 231
社会情動的スキル … 15
社会人学び直しプログラム … 219–223
授業設計 … 19, 21–23, 28, 58–60, 67, 143, 166, 210, 220–222, 229, 235–237, 240
授業目標 … 19, 22, 23, 26, 28–31, 33, 34, 38, 39, 42, 73, 88, 91, 95, 103, 111, 125, 133, 134, 139, 151, 152, 155, 161, 162, 169, 179, 191, 211, 232, 234, 239, 241
初年次教育 … 29, 87, 92, 133, 134, 139, 161
初年次専門科目 … 103
資料配付型 … 6, 7, 20, 95, 96, 231
診断的評価 … 27, 46, 48, 50
心理学実験 … 61, 179, 180, 185, 188, 234
心理的距離 … 10, 11
スクーリング … 5
スチューデントエージェンシー … 55
セキュリティ … 116
前提条件 … 26, 30, 237
総括的評価 … 46, 50–55
卒業論文 … 179, 188

た

多人数講義 … 229
チャット … 5, 7, 10, 12, 35, 49, 50, 54, 105, 107, 115, 127, 175
中国語教育 … 141
通信教育 … 4
ディスカッション／GW/D（グループワーク/ディスカッション）… 5, 10, 49, 74, 75, 127, 162–165, 172, 179, 204
ディプロマ・ポリシー … 25, 26
テスト／小テスト … 25, 27–29, 31–33, 37, 44, 45, 53, 60, 74–77, 81, 84, 96, 97, 100, 112, 114, 143, 151, 152, 155–158, 171, 229–231, 234, 236
手続き的知識 … 45, 51
動画教材 … 213
到達目標 … 23, 73, 80, 141, 152, 180, 187, 188
取り組みの評価 … 44, 45, 47
ドリル … 146

な

日本語教育 … 161

は

ハイブリッド型 … 5, 8, 15, 20, 29, 30, 35, 191, 194, 196
ハイフレックス型 … 8, 10, 13, 20, 35, 36, 235
パフォーマンス … 45, 53, 54, 61, 90, 91
反転授業 … 5, 8, 22, 32, 74, 116, 117, 166, 219–222
非認知的能力 … 15
ピアアセスメント … 54
ピアレビュー … 29, 36, 54, 60, 92, 135, 186, 205, 206
評価情報 … 43, 45, 46, 48, 50, 52, 53
評価方法 … 19, 22, 25, 39, 41–43, 47, 48, 55, 61, 76, 84, 91, 100, 107, 115, 116, 135, 137, 152, 156, 165, 173, 185, 195,

205, 206, 215, 229, 234
フィードバック／FB … 6, 7, 22, 25, 28-
　30, 34, 36-38, 41, 48, 49, 52-55, 60, 61,
　92, 95-97, 102, 108, 139, 142, 144, 145,
　149, 151, 154, 155, 157, 162, 174, 204,
　229-233, 236, 238, 239
プライバシー … 105, 108
プレゼンス … 36, 37
プレゼンテーション … 11, 16, 52, 53, 63,
　64, 133-139, 161, 162, 165, 166, 171, 173,
　174, 179, 212, 215
分散型 … 35, 36

ま

学びのコミュニティ … 41, 55
ミニッツペーパー … 90-92, 96, 104
メディア … 4, 51, 79, 103, 153, 155, 164,
　208-210
模擬授業 … 24, 25, 68, 191-197, 235

ら

ライティングラボ … 62-64, 134, 137, 138
ラーニングアナリティクス … 239
リアルタイム型 … 7, 11, 20, 25, 29, 30, 34,
　36-38, 59, 64, 103, 104, 109, 111, 113,
　114, 116, 117, 125, 133-135, 138, 151-
　153, 161-163, 179, 181, 191, 199, 211,
　219, 229, 230, 232, 233, 237, 238
リーディング … 151, 152, 155-157, 161
ルーブリック … 25, 45, 54, 137, 145, 146,
　234
レポート … 6, 12, 25-27, 29, 31, 33, 36,
　37, 52, 53, 63, 64, 66, 80, 83, 84, 91, 107,
　108, 112, 114-116, 121, 125, 134, 135,
　137-139, 165, 179, 180, 185, 212-217,
　229, 234

編著者・執筆者紹介
（資格・役職は第 1 刷発行の 2022 年 1 月 31 日時点）

岩﨑 千晶（いわさき　ちあき）はじめに、第 2 章、第 4 章、第 13 章、第 23 章
　関西大学教育推進部・教育開発支援センター副センター長、博士（情報学）。専門は教育工学であり、TA・LA などの学生スタッフ、ライティングセンター・ラーニングコモンズの活用を含めた高等教育における学習環境デザインについて研究をしている。主な著作に『大学生の学びを育む学習環境のデザイン―新しいパラダイムが拓くアクティブ・ラーニングへの挑戦―』（編著）関西大学出版部、2014 年、『教育工学選書 II　教育工学における大学教育研究』（共著）ミネルヴァ書房、2020年など。

久保田 賢一（くぼた　けんいち）第 1 章
　関西大学名誉教授、大阪経済法科大学客員教授、NPO 法人学習創造フォーラム代表、Ph. D.（Indiana University）。専門は学習環境デザイン、情報教育で、構成主義にもとづいた学習環境について、とくに ICT を活用したアクティブラーニング、国際教育開発について研究している。主な著作に『大学教育をデザインする：構成主義に基づいた教育実践』（共編著）晃洋書房、2012 年、『主体的・対話的で深い学びの環境と ICT：アクティブラーニングによる資質・能力の育成』（共編著）東信堂、2018 年など。

小柳 和喜雄（おやなぎ　わきお）第 3 章
　関西大学総合情報学部教授、博士（教育学）。専門は教育工学、教育方法学であり、教育メディアを活用した教師教育の内容と方法に関する研究、およびメディア教育の内容と方法に関する研究をしている。主な著作に『教師の情報活用能力育成政策に関する研究』（単著）風間書房 2010 年、『Lesson Study（レッスンスタディ）』（教育工学選書 II）（編著）ミネルヴァ書房、2017 年など。

中澤 務（なかざわ　つとむ）第 5 章
　関西大学文学部教授・教育推進部副部長、博士（文学）。専門は西洋古代哲学・倫理学であり、ソクラテス、プラトン、アリストテレスの哲学と倫理学を中心に、古代ギリシアの哲学・倫理思想全般について研究している。主な著作に『ソクラテスとフィロソフィア』ミネルヴァ書房、2007 年、『哲学を学ぶ』晃洋書房、2017 年など。

久保田 真弓（くぼた　まゆみ）第 6 章
　関西大学総合情報学部教授、Ph.D（Indiana University）。専門は、コミュニケーション学、非言語コミュニケーションで、異文化やあいづち使用などを通して、経

験や体験について現象学や記号論の観点から対人コミュニケーションを研究している。主な著作に Kubota, M. (2020) The Effects of Learning Design Through Intercultural Exchange Based on Variation Theory, *International Journal for Educational Media and Technology*, 14（1）：5-16、Kubota, M. (2019) "What is "Communication?"— Beyond the Shannon & Weaver's Model —" *International Journal for Educational Media and Technology*, 13（1）：54-65 など。

石橋 章市朗（いしばし　しょういちろう）第 7 章
関西大学法学部教授、修士（法学）。専門は公共政策学であり、政府や自治体の政策過程や政策デザインについて研究を行っている。主な著作に『公共政策学』（共著）ミネルヴァ書房、2018 年、『ポリティカル・サイエンス入門』（共編著）法律文化社、2020 年など。

池内 裕美（いけうち　ひろみ）第 8 章
関西大学社会学部教授、博士（社会学）。専門は、社会心理学・消費心理学であり、主にカスタマーハラスメントやモノのため込み（ホーディング）、買物依存といった「逸脱的消費者行動」に関する心理的メカニズムの規定因について研究をしている。主な著作に『消費者心理学』（編著）勁草書房、2018 年、「なぜ「カスタマーハラスメント」は起きるのか：心理的・社会的諸要因と具体的な対処法」『情報の科学と技術』2020 年、70（10）：1-7 など。

脇田 貴文（わきた　たかふみ）第 9 章
関西大学社会学部教授・入試センター副所長、博士（心理学）。専門は、心理調査法、心理計量学であり、それらの知見を踏まえて、医学分野、教育分野との協同研究を行っている。主な著作に Wakita, T., Ueshima, N., & Noguchi, H. (2012) Psychological Distance between categories in the Likert scale: Comparing different numbers of options. Educational and Psychological Measurement, 72:, 533–546、浦上 昌則・脇田 貴文『心理学・社会科学研究のための調査系論文の読み方』（共著）東京図書、2008 年など。

倉田 純一（くらた　じゅんいち）第 10 章
関西大学システム理工学部准教授、関西大学・大阪医科薬科大学医工薬連環科学教育研究機構 機構長、博士（工学）。専門は生活支援工学と計測制御であり、後発開発途上国の工学教育支援活動や異分野統合教育の実践にも力を入れている。学修歴の異なる学生群に対して共通した教材の開発などを進め、実践的に研究している。著作に『大学生の学びを育む学習環境のデザイン―新しいパラダイムが拓くアクティブ・ラーニングへの挑戦―』（部分執筆）関西大学出版部、2014 年など。

森田 亜矢子（もりた　あやこ）第 11 章

関西大学人間健康学部准教授（福祉コース・ユーモア学プログラム）、修士（人間行動学）。専門は心理学。辛く苦しい経験から立ち直り回復していく人の心の働きと、おかしみを感じる心の働きについて研究を行なっている。主な著作に「おかしみと可笑しみ：共生と笑いに関する試論」『笑い学研究』。2019 年、26：41-64、「心理的援助への笑いとユーモアの適用に関する研究の動向と課題：心理療法、精神疾患、ユーモアと笑いのセラピーに焦点をあてて」『笑い学研究』、2018 年、25：17-41 など。

三浦 真琴（みうら　まこと）第 12 章

関西大学教育推進部教授、教育学修士。専門は教育社会学で、学習パラダイムの実現を目指し、学生の主体的な学びの創発を支援するための研究と実践をおこなっている。平成 21 年度に大学教育・学生支援推進事業【テーマ A】に採択された「三者協働型アクティブ・ラーニングの展開」において LA 制度を構築。主な著作に『学生と楽しむ大学教育　大学の学びを本物にする FD を求めて』（部分執筆）ナカニシヤ出版、2013 年、『グループワーク　その達人への道』（単著）医学書院、2018 年など。

山崎 直樹（やまざき　なおき）第 14 章

関西大学外国語学部教授、文学修士。専門は中国語教育および外国語教育における学習設計で、現在は「外国語教育のユニバーサル・デザイン化」と「外国語教育におけるインクルージョン」を研究している。主な著書は「外国語学習のめやす：背景、理念、目標、方法論」『他者とつながる外国語授業を目指して：「外国語学習のめやす」の導入と活用』、田原憲和（編著）、三修社、pp.6-36、2019 年、『辞書のチカラ：中国語紙辞書電子辞書の現在』（共編著）好文出版、2005 年など。

植木 美千子（うえき　みちこ）第 15 章

関西大学外国語学部准教授、博士（外国語教育学）。専門は外国語（英語）を学ぶ日本人英語学習者心理（動機づけや不安）であり、学習者の情意的側面がどのように第二言語（英語）習得やアイデンティ形成に影響を与えるのかをについて研究を行なっている。主な著作に The Impact of Studying Abroad Experience on the Affective Changes Related to L2 Motivation: A Qualitative Study of the Processes of Change (Chapter 7). （共著）In Apple. M., T. Da Silva, D., & Fellner, T. (Eds). L2 Selves and Motivation in Asian Contexts（pp. 119-113）. Multilingual Matters: UK, 2016 年、Validating the L2 Motivational Self System in a Japanese EFL Context: The Interplay of L2 Motivation, L2 Anxiety, Self-efficacy, and the Perceived Amount of Information. （共著）Language Education & Technology, 49, pp.1-22. 2016 年など。

古川 智樹（ふるかわ　ともき）第 16 章

関西大学国際部准教授・国際教育センター副センター長、博士（文学）。専門は日本語教育学であり、留学生向けのビジネス日本語教育、ICT を活用した日本語教育実践（反転授業、ブレンディッドラーニング、e ポートフォリオ等）を中心に研究を行っている。主な著作に『留学生教育の新潮流：関西大学留学生別科の実践と研究』（編著）関西大学出版部、2015 年、「日本語教育における反転授業実践—上級学習者対象の文法教育において—」（共著）『日本語教育』164: pp.126-141、2016 年など。

池田 佳子（いけだ　けいこ）第 17 章

関西大学国際部教授、IIGE（グローバル教育イノベーション推進機構・副機構長）。Ph.D.（ハワイ大学 / 言語学）。専門は国際教育、マルチモーダル分析、会話分析、日本語教育、外国語教育で、多様・多層で、越境的、そして流動的な近未来社会におけるコミュニケーションのあり方を多岐にわたる社会的場面を対象に研究している。主な著作に「バーチャル型国際教育は有効か—日本で COIL を遂行した場合—」日本学生支援機構、ウェブマガジン『留学交流』（2016 年 10 月号）、「IT メディアと相互行為　—第二言語で遂行する PBL 場面の一考察—」『インタラクションと学習』（部分執筆）、ひつじ書房、2017 年など。

関口 理久子（せきぐち　りくこ）第 18 章・おわりに

関西大学社会学部教授・教育開発支援センター長。専門は実験心理学で、自伝的記憶の想起の特性や感情との関連、自伝的記憶が精神的健康や自己の形成などに与える影響についての研究に取り組む。主な著書に『やさしい　Excel で心理学実験』（共著）培風館、2011 年、『心理調査の基礎』（部分執筆）有斐閣、2017 年など。

若槻 健（わかつき　けん）第 19 章

関西大学文学部教授・教職支援センター副センター長、博士（人間科学）。専門は、教育社会学であり、人権教育を基盤にして、学力格差の縮小をめざす学校・授業づくりと市民性教育の研究を行っている。主な著作に『未来を切り拓く市民性教育』（単著）関西大学出版部、2014 年、『学力格差に向き合う学校』（編著）明石書店、2019 年など。

岡田 朋之（おかだ　ともゆき）第 20 章

関西大学総合情報学部教授、大阪大学博士課程人間科学研究科社会学専攻単位取得満期退学。専門はメディア論と文化社会学で、モバイルメディアとコミュニケーションの発展過程をたどる研究や、メディア・イベントとしての国際博覧会（いわゆる万博）における ICT の利活用についての研究などに取り組む。主な著作に『ケータイ社会論』（共編著）有斐閣、2012 年、『ポスト・モバイル社会』（部分執

筆）世界思想社、2016 年など。

長谷 海平（はせ　かいへい）第 20 章

関西大学総合情報学部准教授、東京芸術大学大学院映像研究科博士後期課程単位取得退学。専門は映像表現であり、映画や Virtual Reality 作品の制作研究ほか映像制作を通じた教育実践における学習デザインについて研究を行っている。主な著作に "Problems Related to the Practice of Video Education in Japan." Journal of Cultural Research in Art Education, Vol.31: 196–209（2014）、「アメリカにおける動画制作を通じた教育実践の始まりに関する調査」Screen Literacy　Vol.1: 43–51、新潟大学大学院現代社会文化研究科、2020年など。

米津 大吾（よねつ　だいご）第 21 章

関西大学システム理工学部電気電子情報工学科准教授、博士（工学）。専門は数値電磁界解析であり、ワイヤレス給電・IH 調理器の高効率利用、インバータ駆動電動機のノイズ対策、風力発電設備の耐雷設計、サンゴの成長促進のためのシミュレーションなどについて研究している。主な著作に『ワイヤレス・エネルギー伝送技術の最前線』（共著）NTS、2011 年、『電磁界解析の高精度化技術』（共著）「電気学会技術報告」第 1471 号、2020 年など。

柴　健次（しば　けんじ）第 22 章

関西大学大学院会計研究科教授、博士（商学）。専門は会計学で、企業及び政府の会計と開示の改善・普及の方法や会計の社会的役割を理解するための会計教育（特にリテラシー教育）のあり方を研究している。主な著作に『公共経営の変容と会計学の機能』（編著）同文舘出版、2016 年、「会計基礎教育の必要性」『会計基礎教育の歴史と現況』（部分執筆）日本公認会計士協会、2019 年など。

大学生の学びを育むオンライン授業のデザイン
——リスク社会に挑戦する大学教育の実践——

2022年1月31日　第1刷発行
2023年5月1日　第2刷発行

編著者　　岩　﨑　千　晶

発行所　　関　西　大　学　出　版　部
　　　　　〒564-8680 大阪府吹田市山手町 3-3-35
　　　　　電　話 06(6368)1121　FAX 06(6389)5162

印刷所　　亜　細　亜　印　刷　株　式　会　社
　　　　　〒 380-0804 長野市三輪荒屋 1154

ⓒ 2022　Chiaki IWASAKI　　　　　　　　　Printed in Japan

ISBN 978-4-87354-746-6　C3037　　　　　落丁・乱丁はお取替えいたします。

JCOPY ＜出版者著作権管理機構 委託出版物＞
本書の無断複製は著作権法上での例外を除き禁じられています。複製される場合は、そのつど事前に、出版
者著作権管理機構（電話 03-5244-5088、FAX 03-5244-5089、e-mail:info@jcopy.or.jp）の許諾を得てください。